참 쉬운
바른 손글씨

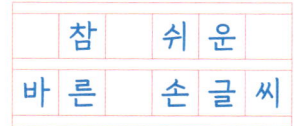

초판 1쇄 발행 | 2024년 10월 10일

지은이 | 전희준
펴낸이 | 박영욱
펴낸곳 | 깊은나무

주　소 | 서울시 마포구 월드컵로 14길 62 북오션빌딩
이메일 | bookocean@naver.com
네이버포스트 | post.naver.com/bookocean
페이스북 | facebook.com/bookocean.book
인스타그램 | instagram.com/bookocean777
유튜브 | 쏠쏠TV·쏠쏠라이프TV
전　화 | 편집문의: 02-325-9172　영업문의: 02-322-6709
팩　스 | 02-3143-3964

출판신고번호 | 제 2013-000006호

ISBN 979-11-91979-61-9 (13640)

*이 책은 깊은나무가 저작권자와의 계약에 따라 발행한 것이므로 내용의 일부 또는 전부를 이용하려면 반드시 깊은나무의 서면 동의를 받아야 합니다.
*책값은 뒤표지에 있습니다.
*잘못 만들어진 책은 구입하신 서점에서 교환해 드립니다.

나의 진심을 두 배로 전하는 손글씨의 마법!

참 쉬운
바른 손글씨

전희준 지음

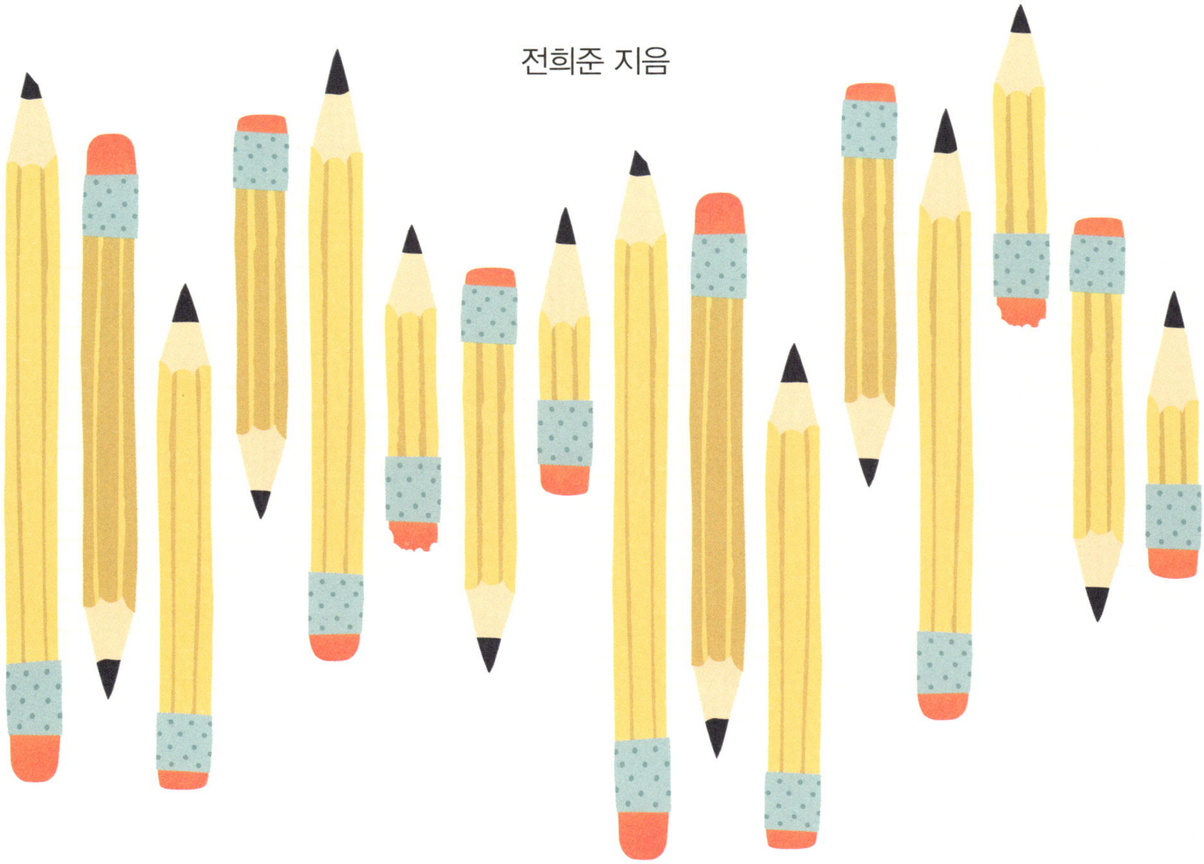

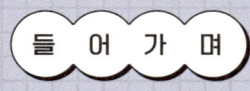

들어가며

손으로 글씨를 쓰는 것은 컴퓨터나 휴대기기의 키보드 자판을 통해 정보를 기록하는 것과는 다른 특별함이 있습니다. 펜으로 종이에 글씨를 쓰는 것은 내용을 입력하는 동시에 결과물을 출력하는 행위입니다. 그래서 오랜 생각의 흔적이나 쓰는 순간의 상황과 감정이 드러나기도 합니다. 따라서 손으로 글씨를 쓰는 것은 단순히 정보를 기록하는 행위가 아니라 생각하는 과정이며 마음을 표현하는 고백이기도 합니다.

글씨는 개인마다 선호하는 글씨체가 다르고, 또 사람의 얼굴이나 목소리처럼 각 사람 고유의 개성이기 때문에 모두가 같을 필요는 없습니다. 하지만 다른 사람뿐만 아니라 자신이 보기에도 알아보기 힘들 정도의 글씨체이거나, 성인이 되어서도 너무 어린아이 같은 글씨체를 가지고 있어서, 격식을 갖추어 전해야 하는 내용의 문장을 쓸 때 글씨체가 어울리지 않으면 고민이 될 때가 있습니다.

삼가 조의를 표합니다
장례식 조문 봉투 쓰기

숭고한 희생에 감사드립니다
현충원 방명록 쓰기

우리는 글씨체를 말할 때 '어른 글씨 같다'라고 하거나 '귀여운 글씨체다'라는 표현을 쓰기도 합니다. 이는 글씨에는 문자로서의 추상적인 정보 외에도 글씨체의 고유한 이미지가 주는 감성이 담겨 있다고 말할 수 있습니다.

일반적으로 초성과 종성의 크기가 비슷하고 세로로 약간 길쭉한 글씨가 어른스러운 느낌을 준다면 초성이 크고 정사각형에 가까운 글씨체는 아이같이 귀여운 느낌을 줍니다.

행복한 아이 세상
초성과 종성의 크기가 비슷하고 길쭉한 글씨

아빠 힘내세요 /
초성이 크고 사각형에 가까운 글씨

　어린 시절 정말 글씨를 멋지게 쓰셨던 담임선생님을 만나면서 선생님처럼 글씨를 잘 쓰고 싶다는 생각에 그 선생님의 글씨체를 열심히 따라서 쓰는 연습을 했던 기억이 있습니다.
　그 이후에도 글씨에 대한 관심은 계속되어서 다른 친구들의 글씨도 관심을 갖고 보게 되었는데 어느 한 친구의 독특한 글씨체가 눈길을 끌었습니다. 또래들의 비슷비슷한 글씨체와는 뭔가 다른 특별한 느낌이 있어서 자세히 살펴보게 되었는데, 알고 보니 그 독특한 글씨체의 원인은 바로 'ㅇ'을 쓰는 방향이었습니다. 'ㅇ'은 당연히 반시계 방향으로 쓰는 것이라고 생각하고 있었는데 그 친구는 반대로 시계방향으로 쓰고 있었습니다.
　그런 습관이 다른 자음이나 모음 획을 쓰는 데도 영향을 주어서 이 친구의 글씨는 특별한 개성을 드러내는 글씨체가 되었던 것이었습니다.

안전한
시계방향으로 쓰는 습관 때문에 모음과 자음이 전반적으로 오른쪽으로 불룩한 글씨체가 되었다.

　한글과 한자는 비슷한 운필의 획들이 있지만 'ㅇ'은 한자에는 없는 아주 특별한 자음입니다. 이 'ㅇ'의 모양이나 크기, 심지어 획의 방향에 따라 글씨체는 아주 많이 달라집니다.
　거의 원형에 가까운 모양으로 쓰는 사람이 있는가 하면 물방울처럼 아래가 불룩하게 쓰는

사람도 있습니다. 포도 알갱이처럼 작게 쓰는 사람이 있는가 하면 수박처럼 크게 쓰는 사람도 있습니다.

행복한 아이 vs 아이

　우리는 간혹 마치 활자 인쇄물 같은 손글씨를 쓰는 것을 보고 놀랄 때가 있습니다. 예쁘고 멋진 글씨이기는 하지만 특별한 목적을 위해 쓰는 경우가 아니라면 평소의 손글씨를 폰트처럼 쓸 필요는 없다고 생각합니다. 활자에 사용되는 폰트의 경우 개발자에 따라 같은 글씨체도 조금씩 다른 형태가 됩니다. 예를 들어 우리가 바탕체로 많이 사용하는 명조체도 기본 명조체외에 신명조체, 순명조체, 신신명조체, 세명조체처럼 다양한 글꼴이 있습니다. 자음과 모음의 모양이나 크기 또는 배열을 조금만 다르게 해도 다른 느낌의 글꼴이 됩니다.

　이 책에서 네모꼴 모양의 돋움체나 정자체, 궁서체 등을 연습하지만, 똑같은 글씨체로 쓰기 위한 연습은 아닙니다. 이 글씨체를 연습한 것을 바탕으로 하여 자신의 글씨체를 만들기 위한 연습입니다.
　앞에서 말씀드린 것처럼 'ㅇ'의 모양이나 크기만 다르게 써도 아주 다른 분위기의 글씨체를 만들 수 있습니다. 같은 모양의 자음과 모음이라도 획의 길이나 기울기를 조금만 바꾸면 다른 느낌의 글씨체가 됩니다. 자신이 좋아하는 모양으로 자음과 모음을 배열하여 자신만의 ○○정자체, △△궁서체, □□돋움체를 만들 수 있습니다.

　평소에 글씨 때문에 고민이 되셨다면 이 책은 자신만의 개성 있는 글씨체를 만들기 위한 효과적인 길잡이가 될 수 있으리라 생각합니다.

　펜을 잡는 방법부터 다시 한번 점검해보고, 필압 조절까지 충분히 연습해서 다양한 한글 글씨체뿐만 아니라 한자나 영문 그리고 숫자 등 일상의 여러 손글씨를 자신의 멋진 글씨체로 자신 있게 쓸 수 있게 되기를 기대하고 응원합니다.

들어가며 004

1부 손글씨 준비

1강 손글씨 연습하기 좋은 펜 012
여러 펜들의 특징을 설명하고 손글씨에 적합한 펜 소개

2강 펜 잡기와 선긋기 연습 021
펜을 잡을 때 주의 사항과 글씨 연습을 시작하기 전에 선긋기 연습을 통해 펜 조절 능력 향상

3강 필체를 바꾸지 않고도 글씨를 깔끔하게 쓰는 법 041
악필이 되는 원인을 살펴보고 자신의 글씨체로 보다 깔끔하게 쓰는 법을 정리

4강 한글 결구법과 연습 노트 활용법 047
모아쓰기 글자인 한글을 조화롭게 쓰는 방법과 여러 연습 노트를 활용하는 방법 연습

2부 기본 글씨 연습

5강 필압 변화가 없는 글씨체(1) _깍두기체 060
필압 변화가 없는 첫번째 글씨체로 고딕이나 돋움체처럼 사각형 모양의 글씨체 연습

6강 필압 변화가 없는 글씨체(2) _한글 정자체 078
필압 변화가 없는 두번째 글씨체로 일상에서 쓸수 있는 펜글씨 정자체 연습

7강 필압 변화가 있는 글씨체(1) _한글 궁서체 092
엄중, 진지, 단아함의 대명사인 한글 궁서체를 연습

8강 필압 변화가 있는 글씨체(2) _한글 흘림체 132
필기체가 따로 없는 한글을 멋스럽게 흘려쓰고 이어쓰는 글씨체 연습

3부 응용 글씨 연습

9강 응용 손글씨(1) _한자 쓰기 148
한자를 그리듯 어색하게 쓰지 않고 자신 있게 쓸 수 있도록 기본 획부터 연습

10강 응용 손글씨(2) _영문 활자체 쓰기 181
영문 대문자와 소문자를 손글씨로 깔끔하게 쓰기 연습

11강 응용 손글씨(3) _영문 필기체 쓰기 199
학교에서도 배우지 않는 영문 필기체로 자신있게 긴 문장 쓰기

12강 응용 손글씨(4) _숫자 쓰기 211
일상에서 매우 중요한 숫자의 존재를 분명하고 깔끔하게

4부 일상 속 손글씨

13강 노트 필기 및 각종 시험 답안지 쓰기 220
빠르게 쓰면서도 깔끔한 일상체 쓰기 연습

14강 경조봉투, 감사카드, 방명록 쓰기 231
손글씨로 개인적인 감사와 위로를 전하고, 품위 있는 방명록 쓰기

15강 사인 만들기 240
나만의 개성 있는 사인으로 멋지게 서명하기

16강 편리한 손글씨 _Digital Handwriting 243
종이가 아니어도 좋다. 태블릿으로 더 업그레이드되는 멋진 손글씨

17강 필사의 매력에 빠져보자 253
가장 심화된 형태의 독서, 필사

1부

손글씨 준비

손글씨 연습하기 좋은 펜

저는 문구 덕후까지는 아니지만 다양한 필기구로 글씨 쓰는 것을 좋아하다 보니 주기적으로 문구점에 들러 새로운 펜이 있는지 찾아보는 일이 아주 즐거운 일상 중 하나입니다. 어린 시절 노트에 꾹꾹 눌러 쓰던 HB나, 스케치할 때 사용하던 4B외에도 다양한 연필이 있다는 것도 알게 되고, 손에 잡고 있기만 해도 멋진 글씨가 써질 것만 같은 고급스러운 만년필의 매력에 빠지기도 했습니다.

요즘 우리는 고전적인 필기구라고 할 수 있는 연필에서부터 새로운 디지털 필기구인 스타일러스 펜까지 용도에 따라 다양한 재질과 가격대의 필기구를 사용하여 글씨를 쓰고 있습니다.

손글씨 연습을 시작하기에 앞서 다양한 펜들의 특징을 간략히 알아보고 그 중 손글씨 연습하기에 좋은 펜은 어떤 것인지 생각해보겠습니다.

우선 손글씨 연습에 좋은 펜은 다음의 세 가지 조건을 갖추고 있어야 한다고 생각합니다.

첫째, 다루기 쉽고 관리가 쉬운 것이 좋습니다.

무게가 너무 가볍거나 무거운 펜은 피하는 것이 좋습니다. 무게가 적당하고 무게중심이 잘 잡혀 있는 펜이 글씨를 오래 써도 피곤하지 않습니다. 잠깐 쓰는 펜이라면 묵직해도 상관없지만 오래 연습하기에는 적당하지 않습니다.

또한 두께나 너무 얇거나 너무 두꺼운 것도 그립에 좋지 않은 영향을 미치기 때문에 피하는 것이 좋습니다.

고급스러운 금속 재질의 볼펜으로
일반 플라스틱 재질의 볼펜보다 5~6배 무겁습니다.

몸통의 두께가 얇은 펜

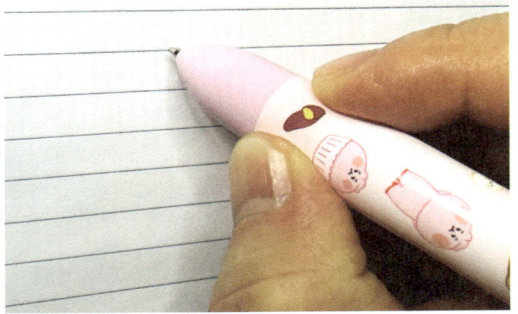

몸통의 두께가 두꺼운 펜

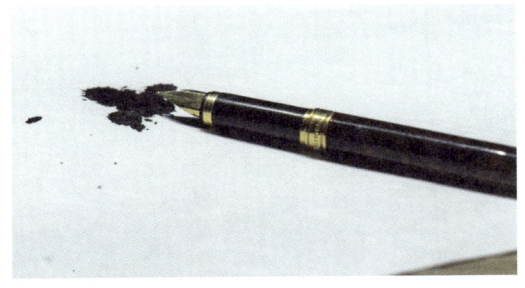

만년필은 세심한 관리가 필요한 필기구입니다.

그리고 잉크를 따로 사용하는 딥펜이나, 만년필은 관리가 어려운 필기구로 사용 후 세척하여 보관해야 하고, 오래 사용하지 않으면 고장 나는 경우도 있기 때문에 글씨 연습용으로는 적당하지 않다고 생각합니다.

둘째 적당한 마찰이 있는 펜이 세밀한 획을 연습하기에 좋습니다.

너무 잘 미끄러지는 펜은 영문 필기체처럼 이어서 빨리 쓰는 글씨를 쓰기에는 적당하지만, 원하는 글씨체를 연습하기에는 적절하지 않습니다.

영문 필기체

셋째, 팁이 너무 얇은 펜보다는 필압 조절이 가능할 만큼 적당히 굵은 펜이 좋습니다.

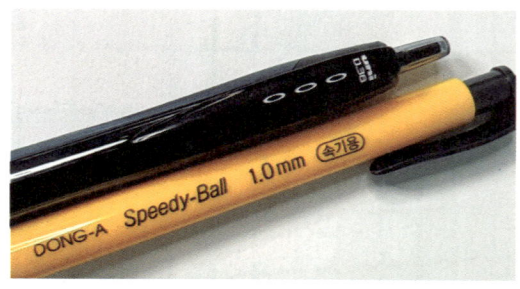

팁이 얇은 펜은 깔끔하게 세밀한 노트필기를 할 수 있게 하지만 필압 조절이 필요한 손글씨 연습에는 최소 0.5mm 이상의 두꺼운 팁을 가진 펜이 좋습니다.

그러면 다양한 필기구의 특징을 살펴보고 이 중 어떤 펜이 손글씨 연습에 좋은지 알아보겠습니다.

1. 연필

연필은 한 자루로 50km 이상의 선을 그을 수 있고, 무려 4만 단어 이상을 쓸 수 있는 효율성 최고의 필기구입니다. 글씨를 쓸 때 특유의 사각거리는 소리는 ASMR 소재로도 자주 사용될 정도로 감성적입니다. 무겁지 않고, 적당한 마찰의 필기감을 제공하는 아주 훌륭한 손글씨 연습도구라고 생각합니다.

연필 매니아들에게는 칼로 연필을 깎는 과정조차도 손글씨 과정의 일부로 여겨질 만큼 감성 넘치는 필기구입니다. 하지만 이 과정이 번거롭게 느껴진다면 2mm 이상의 두꺼운 심을 가진 홀더펜도 있습니다. 연필의 감성을 유지하면서 샤프의 편리함을 공유하는 제품입니다.

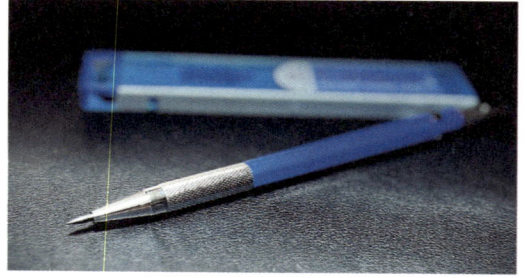

연필심은 흑연과 점토를 섞어서 만드는데, 비율에 따라 단단함과 색이 조금씩 달라집니다. 연필에는 3H, 2B처럼 숫자와 영문자가 표기되어 있는데 H(Hard)숫자가 높을수록 단단하고, B(Black)숫자가 높을수록 진한 색을 나타냅니다. HB가 일반 필기용으로 주로 사용되지만 손글씨 연습에는 너무 눌러쓰지 않아도 잘 써지는, 조금은 부드럽고 진한 B나 2B제품을 추천합니다.

2. 볼펜(Ballpoint pen)

모나미 153(4.7g)

모나미 153 RESPECT(31.4g)

볼펜은 휴대가 간편할 뿐만 아니라 같은 제품군 내에서도 가벼운 것부터 묵직한 제품까지 다양한 무게의 제품이 있어 자신에게 적합한 제품을 손쉽게 선택할 수 있습니다.

몸통의 모양도 3각, 4각, 6각, 원통형까지 다양한 형태가 있어서 자신에게 맞는 그립의 제품을 선택할 수 있습니다.

3각형

4각형

6각형

원통형

볼펜심의 두께도 0.38mm처럼 가느다란 제품도 있고 1.0mm처럼 굵은 제품도 있어서 필기 용도에 맞는 제품을 선택할 수 있습니다.

0.38mm 손글씨(UNI JETSTREAM)

1.0mm 손글씨(MONAMI RESPECT)

볼펜은 다른 필기구에 비해 관리가 편하고 내구성이 좋지만, 볼베어링 방식이어서 적당한 압력으로 눌러 써야만 하는 단점이 있고, 유성 볼펜의 경우 일명 볼펜 똥이라고 부르는 잉크 찌꺼기가 나오는 단점이 있습니다. 하지만 요즘에는 초 저점도 잉크를 사용하여 끊김이 없고 잉크 찌꺼기가 적은 볼펜도 생산되고 있습니다. 노트필기와 일상생활 메모에 아주 좋은 필기구입니다.

3. 중성펜(Gel pen)

볼펜도 잉크에 따라 수성 볼펜, 유성 볼펜, 중성 볼펜 있지만 여기서 말하는 중성펜은 점도가 낮은 겔 잉크를 사용하는 펜으로 젤펜 또는 겔펜이라고 부르는 펜을 말합니다. 볼베어링 방식이 아닌 잉크가 흘러내리는 방식의 펜으로, 볼펜처럼 꾹 누르지 않아도 쉽게 써지고 색깔도 다양하며 발색도 볼펜보다 우수한 편입니다.

눌러 쓰지 않고 적은 힘으로도 필기가 가능하기 때문에, 노트필기나 시험용으로 많이 사용됩니다.

> 강화제는 행동의 후속결과로 제시되거나 제거되어
> 이후의 행동증가에 책임이 있는 자극을 의미하는
> 용어다. 즉 어떤 행동 후에 주어지거나 철회되어서
> 행동을 증가시키는 결과를 가져오는 후속결과를
> 뜻한다

팁의 두께도 다양하고 어느 정도 필압 조절이 가능해서 굵은 부리에서부터 가는 꼬리까지의 한 획을 모두 표현할 수 있습니다.

> 하늘에는 성근 별
> 알 수도 없는 모래성으로
> 발을 옮기고 서리 까마귀

손글씨 연습뿐 아니라 일상적인 필기를 할 때도 적극 추천하는 필기구입니다.

4. 펠트펜(Felt pen)

마커펜(Marker Pen)의 일종으로 플러스펜, 사인펜, 네임펜, 형광펜 등의 필기구를 말합니다.

펠트천이나 나일론으로 단단한 심을 만들어 사용하는 펜으로 중성펜처럼 적은 힘으로도 쉽게 쓸 수 있고 어느 정도 필압 조절이 가능한 펜이지만 오래 사용하면 심이 무뎌지는 단점이 있습니다. 한자나 한글 궁서체처럼 필압의 변화가 필요한 글씨체를 연습하기에 좋습니다.

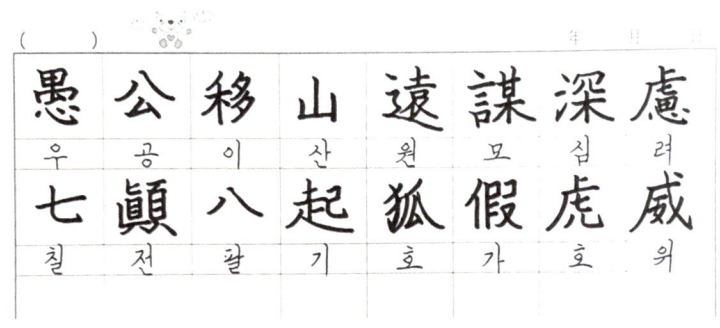

8간 한자 노트 쓰기(MONAMI 사인펜)

5. 딥펜(Dip Pen)과 만년필(Fountain Pen)

딥펜

만년필

잉크를 찍어 쓰는 딥펜과 잉크를 저장하여 쓰는 만년필은 다양한 형태와 굵기의 닙을 가진 제품으로, 잉크를 찍거나 저장하여 필기하는 필기구입니다.

역사가 오래된 만큼 다양한 제품군이 있고 닙이 종이를 긁으며 내는 특유의 소리와 고급스러운 만듦새 때문에 매니아층도 많은 필기구입니다.

경사와 압력에 따라 다양한 획의 표현이 가능한 아주 좋은 필기구이지만 주기적으로 세척하지 않으면 잉크가 굳어버리기 때문에 섬세한 관리가 필요한 필기구입니다.

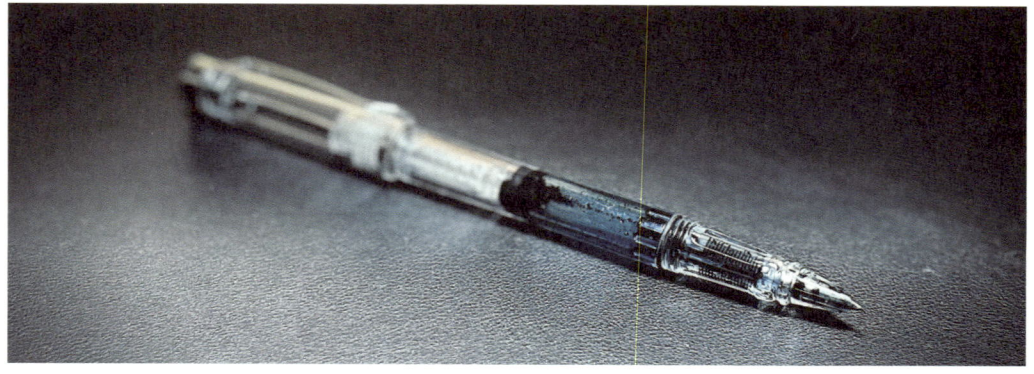

잉크 주입식 외에도 카트리지 교환식 만년필처럼 관리가 조금 더 손쉬운 제품도 있습니다. 손글씨 연습에 감성을 한 스푼 더하고 싶으신 분들께 추천합니다.

다양한 두께와 모양을 가진 캘리그라피용 닙들도 있고,

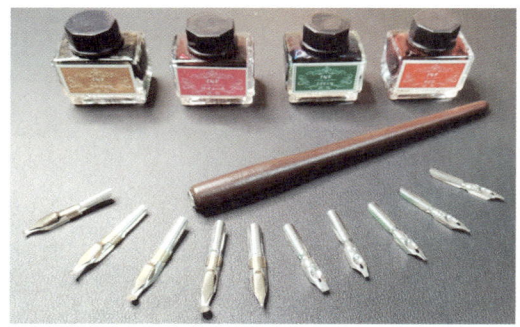 

다양한 모양의 캘리그라피용 닙

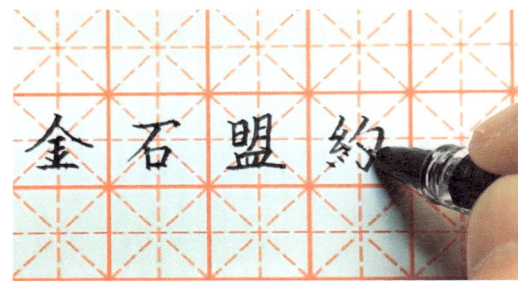 

후데닙 만년필(미공필)

    펜끝이 바깥쪽으로 40도나 55도 구부려진 미공필(후데닙 만년필)도 있습니다. 압력과 방향에 따라 다양한 굵기의 획을 표현할 수 있어 붓글씨와 같은 효과를 낼 수 있습니다. 한글 궁서체나 한자를 쓰기에 잘 어울립니다.

6. 붓펜(Brush Pen)

    서예용 붓 대신에 휴대와 관리가 편하면서도 쉽게 붓글씨의 효과를 낼 수 있는 붓펜이 있습니다. 붓심을 만드는 재료(스펀지 또는 인조모)에 따라 필기감이 많이 다르지만, 카트리지를 사용하여 먹을 묻혀 쓰지 않고도 쉽게 사용할 수 있습니다. 일반적인 펜을 사용할 때와 같은 방법으로 펜을 잡고 쓰면서도 필압 조절을 통해 부리나 꼬리가 있는 획을 표현할 때 붓글씨의 효과를 살릴 수 있어서 한자나 한글 궁서체를 연습하기에 좋고 캘리그라피에도 유용합니다.

위에서 언급한 여러 필기구 중에 하나만 고르라면 저는 중성펜을 추천합니다.

관리가 어렵지 않고 다양한 색과 굵기의 심을 가진 제품들이 있으며, 발색이 진하고 세게 누르지 않아도 잘 써지기 때문에 누르는 압력에 따라 다양한 획을 표현할 수 있기 때문입니다.

심이 너무 얇지 않은 0.5~0.7mm 정도의 제품이 다양한 획과 필압 조절을 연습하기에 가장 적당하다고 생각합니다.

2강
펜 잡기와 선긋기 연습

1. 펜 잡는 법

악기 연습이나 운동 연습을 할 때 열심히 하는데도 실력이 잘 늘지 않을 때가 있습니다. 이럴 때 우리는 기본자세를 다시 돌아보곤 합니다. 잘못된 방법으로 연습하면 효과가 떨어질 뿐만 아니라 오히려 연주나 경기에 방해가 되기 때문입니다.

이번엔 본격적인 손글씨 연습에 앞서 펜 잡는 법을 점검해보겠습니다.

사람마다 젓가락을 잡는 방법은 다양하지만, 음식을 잘 잡고 맛있게 먹을 수만 있다면 방법은 크게 문제가 되지 않을 것입니다.

마찬가지로 자신만의 독특한 방법으로 펜을 잡고도 힘 들이지 않고 예쁘게 글씨를 쓸 수 있다면 펜 잡는 방법은 크게 문제 되지 않을지도 모릅니다.

하지만 글씨를 연습할 때 손에 힘이 너무 들어가서 빨리 지치게 되거나, 교재를 따라 쓰는 것이 어렵다면 효과적인 글씨 연습을 할 수 없을 것입니다.

또한 각종 시험에서 빠르게 오랫동안 답안을 작성하는 데에도 어려움이 있을 것입니다.

이번 시간에는 펜을 잡을 때 주의 사항에 대해 살펴보겠습니다.

엄지와 검지로 잡고 중지로 받치기   엄지와 중지로 잡고 검지로 고정하기

아마 대부분은 이렇게 1번이나 2번의 방법으로 펜을 잡고 글씨를 쓰고 계실 것입니다. 그 밖에도 다양한 방법으로 펜을 잡을 수도 있습니다.

손글씨는 단순히 손동작만으로 이루어지는 행동은 아닙니다. 앉거나 선 자세에서 눈과 손을 비롯한 여러 신체 기관들의 협응 동작입니다.

3번, 4번, 5번처럼 엄지가 깊게 펜을 감싸는 그립법의 경우 잘못하면 바르게 앉은 자세에서 자신의 펜 끝이 보이지 않을 수 있습니다. 선이 나가는 길을 보지 못하기 때문에 원하는 방향으로 획을 이어가기 어렵습니다. 결국 고개를 크게 옆으로 숙여서 글씨를 쓰는 나쁜 자세를 갖게 합니다.

손글씨를 연습할 때 피해야 할 자세는 자신의 평소 손글씨 자세에서 펜 끝이 보이지 않게 잡는 것입니다. 펜의 경로가 보이지 않으면 눈을 감고 쓰는 것과 비슷한 결과를 얻을 수 밖에 없습니다.

조금 펜을 길게 내어 쓰거나 이번 기회에 다른 그립법으로 바꾸어 연습하는 것이 좋다고 생각합니다.

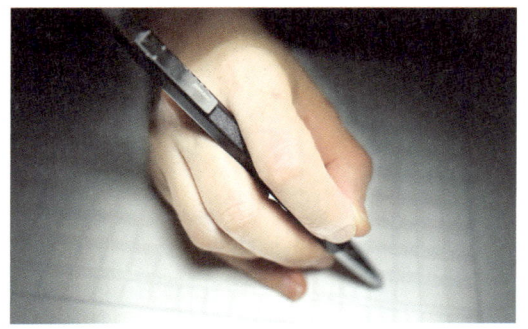

Alternative Hold Grip

손의 피로를 줄일 수 있다고 소개되는 Alternative Hold 그립법도 있습니다.

일반적인 그립법처럼 엄지와 검지 사이에 펜을 두고 잡는 것이 아니라 검지와 중지 사이에 펜을 끼우고 엄지로 받치는 방법입니다.

낯선 그립법이지만 생각보다 쉽게 적응할 수 있고 평소처럼 글씨를 쓰는데 별로 어려움이 없습니다.

펜 잡는 법을 도와주는 도구들도 있습니다. 아직 펜을 잡는 것이 익숙하지 않거나 쉽게 고쳐지지 않는다면 이런 제품들의 도움을 받는 것도 좋을 것 같습니다.

교정 연필

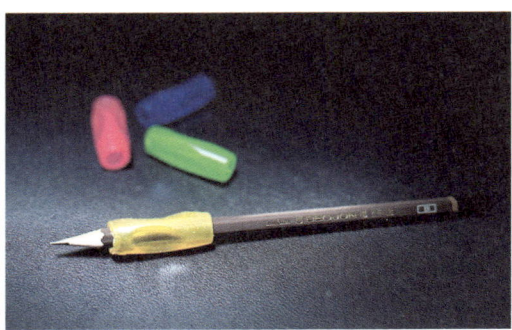

연필 그립

교정 연필은 삼각형으로 된 몸통이면서 엄지와 검지가 놓일 위치에 홈이 파여 있어서 손가락의 위치를 쉽게 찾을 수 있고 떠받치는 중지 위치에도 홈이 파여 있어 손가락을 고정하는 데 도움을 줍니다.

연필 그립은 일반 연필에 끼워 교정 연필과 같은 역할을 하게 합니다. 손가락이 놓일 위치에 홈이 있어 손가락을 고정하고 고무같이 부드러운 재질로 되어 있어 탄성이 있고 잘 미끄러지지 않게 합니다.

교정 연습뿐 아니라 평소에도 끼워둔 채로 사용하면 편할 것 같습니다.

1번 그립법을 연습하는데 도움이 됩니다.

이 제품은 연필 그립처럼 손가락의 위치를 고정해주는 것이 아니라 전반적으로 펜을 감싸는 손의 모양을 만들어 가는 데에 도움을 줍니다. 볼펜 정도의 두께를 가진 제품은 바로 고정이 되지만 연필처럼 조금 가느다란 필기구는 제품 앞 뒤에 링을 사용하여 고정합니다.

2번 그립법을 연습하는 데에 도움이 됩니다.

2. 선긋기 연습

관악기 연주자들의 필수 연습 과정 중에 '롱톤 연습'이라는 것이 있습니다. 소리를 내는 처음 순간부터 마칠 때까지 호흡의 흔들림 없이 일정한 음색과 크기를 유지하면서 소리를 내도록 하는 연습인데 지루한 과정이지만 꼭 필요한 과정입니다. 아무리 어려운 연주나 화려한 기교가 있어도 각 음이 부실하면 멋진 연주가 될 수 없을 것입니다.

글씨는 다양한 모양의 선과 도형으로 구성되어 있습니다. 직선, 사선뿐 아니라 한글에는 원형도 있습니다. 원하는 위치에서 시작해서 원하는 위치에서 끝내는 것이 보기에는 쉽게 느껴져도 막상 해보면 잘되지 않을 때가 있습니다. 특히 필압의 변화를 주면서 마무리하는 획은 더 많은 연습이 필요합니다.

아무것도 없는 민무늬 노트에 연습하는 것보다는 작은 칸으로 나누어져 있는 방안 노트를 활용하면 더욱 도움이 됩니다.

숙제를 끝내듯 서둘러 마치려고 하지 말고 잔잔한 음악을 틀어 놓고 천천히 연습해보면 어떨까요?

(1) 필압 변화 없는 선긋기 연습

먼저 직선 연습입니다. 가로획과 세로획을 원하는 위치까지 흔들림을 적게 하면서 일정한 압력으로 쓰는 연습입니다. 짧은 길이부터 시작해서 평소 쓰는 글씨 크기보다 조금 긴 길이까지 쓸 수 있도록 연습합니다.

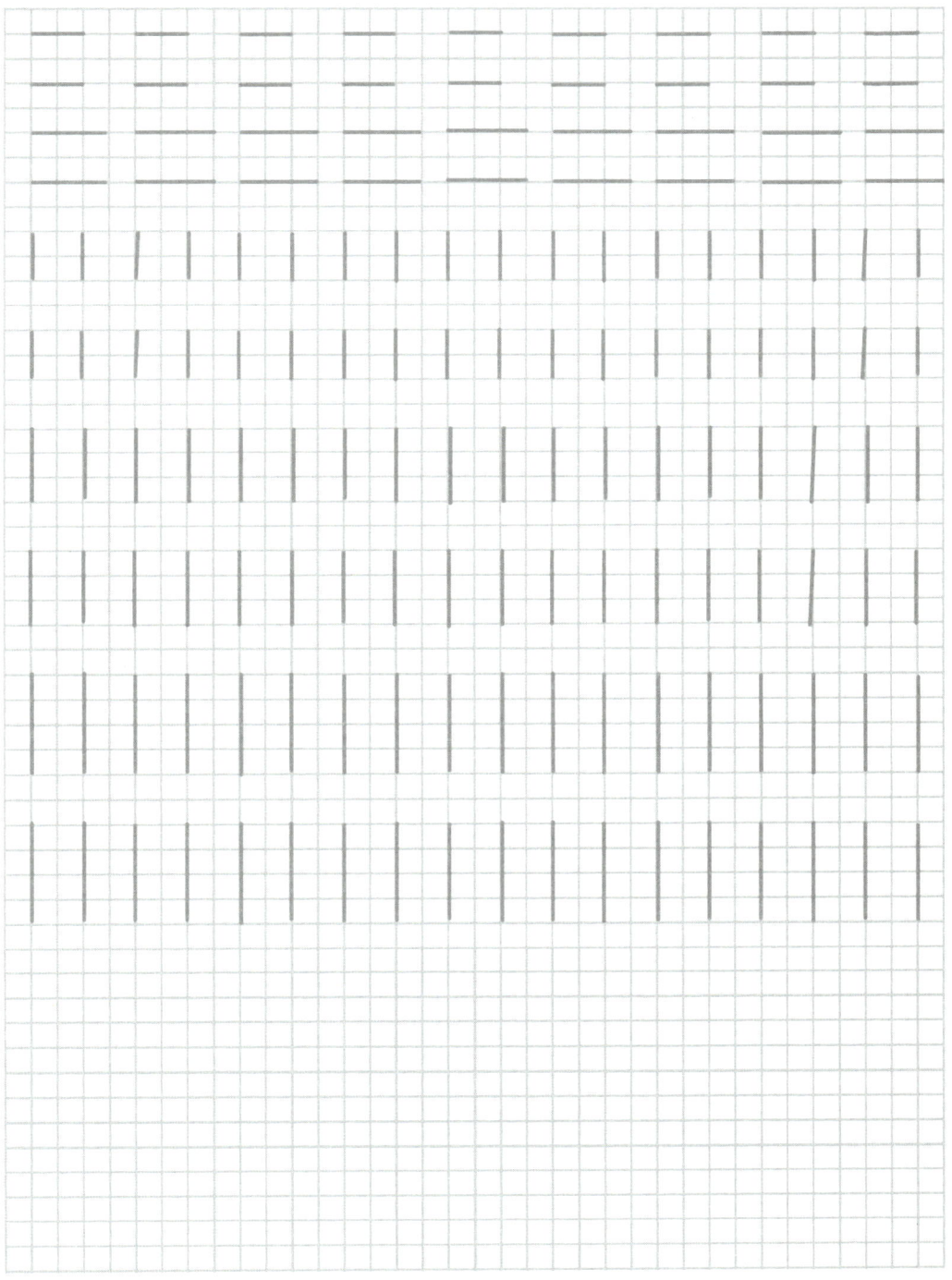

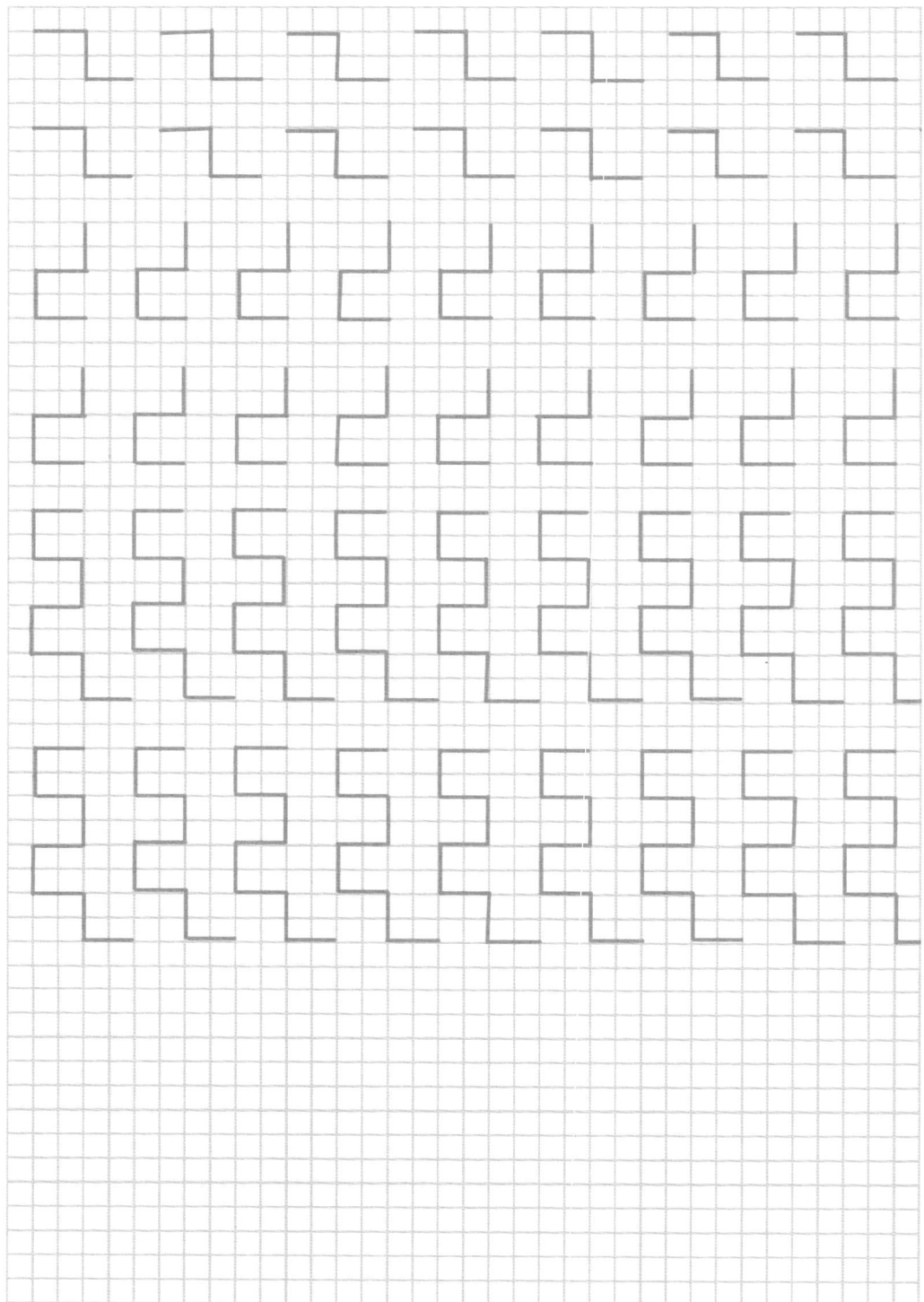

이번엔 비스듬한 직선과 곡선입니다. 다양한 각도로 연습해 봅니다.

마지막으로 원과 타원 연습입니다. 다양한 크기와 방향으로 연습합니다. 글씨의 모양이 꼭 좌우 대칭일 필요는 없지만 연습할 때는 가능하면 대칭이 되도록 연습합니다.

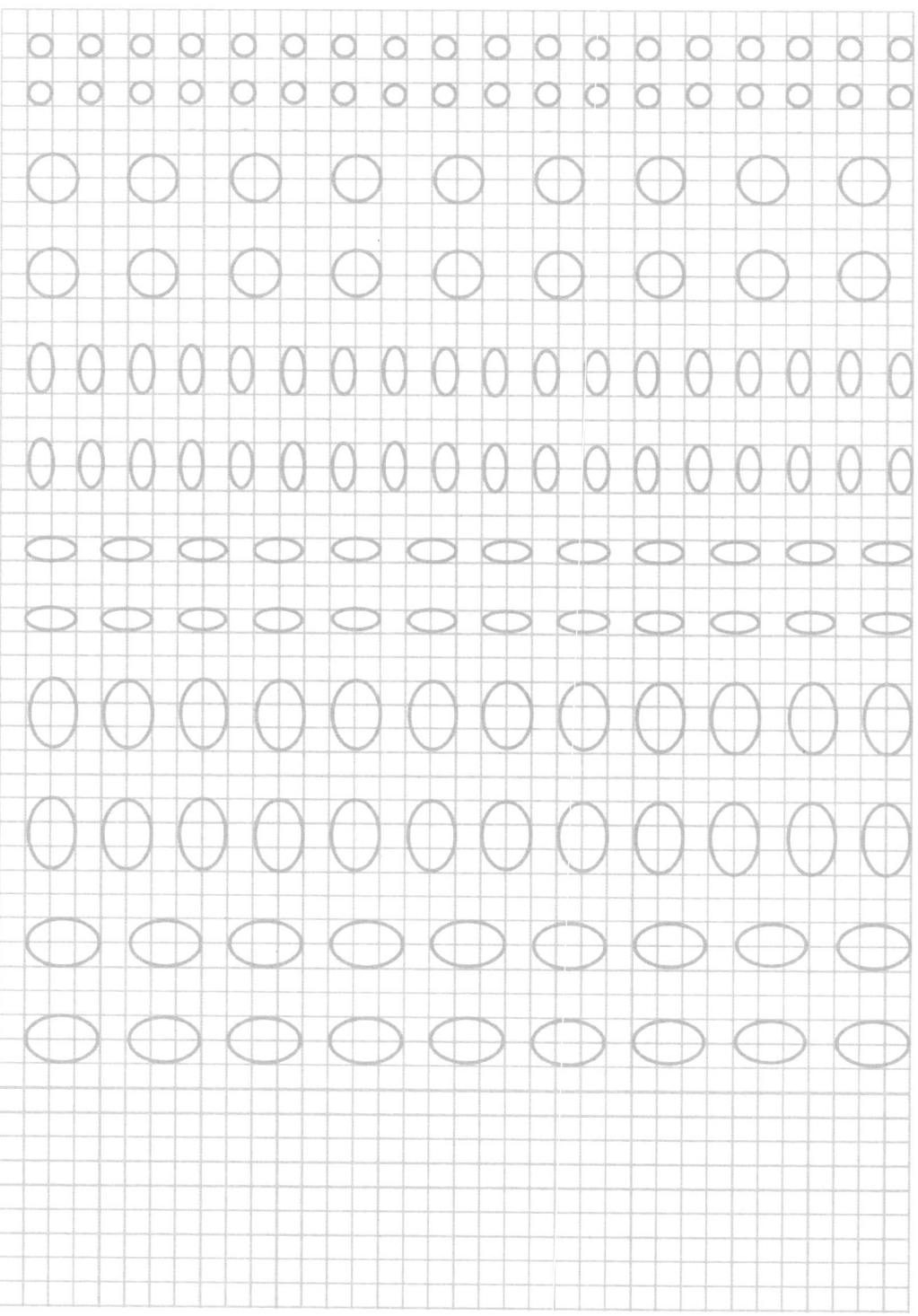

이제는 보조선 없이 직접 연습해 보겠습니다.

(2) 필압 변화가 있는 선긋기 연습

이번에는 펜을 누르는 압력의 변화를 주어 획의 굵기를 조절하며 쓰는 연습입니다. 먼저 가로획 연습입니다. 가로획의 처음을 시작돌기로 시작하여 맺음돌기로 마무리합니다.

이번에는 세로획 연습입니다. 부리로 시작하여 꼬리로 마무리합니다. 힘 조절이 되지 않으면 원하는 위치에 가기 전에 획이 끊기거나 지나치게 되기 때문에 많은 연습이 필요합니다.

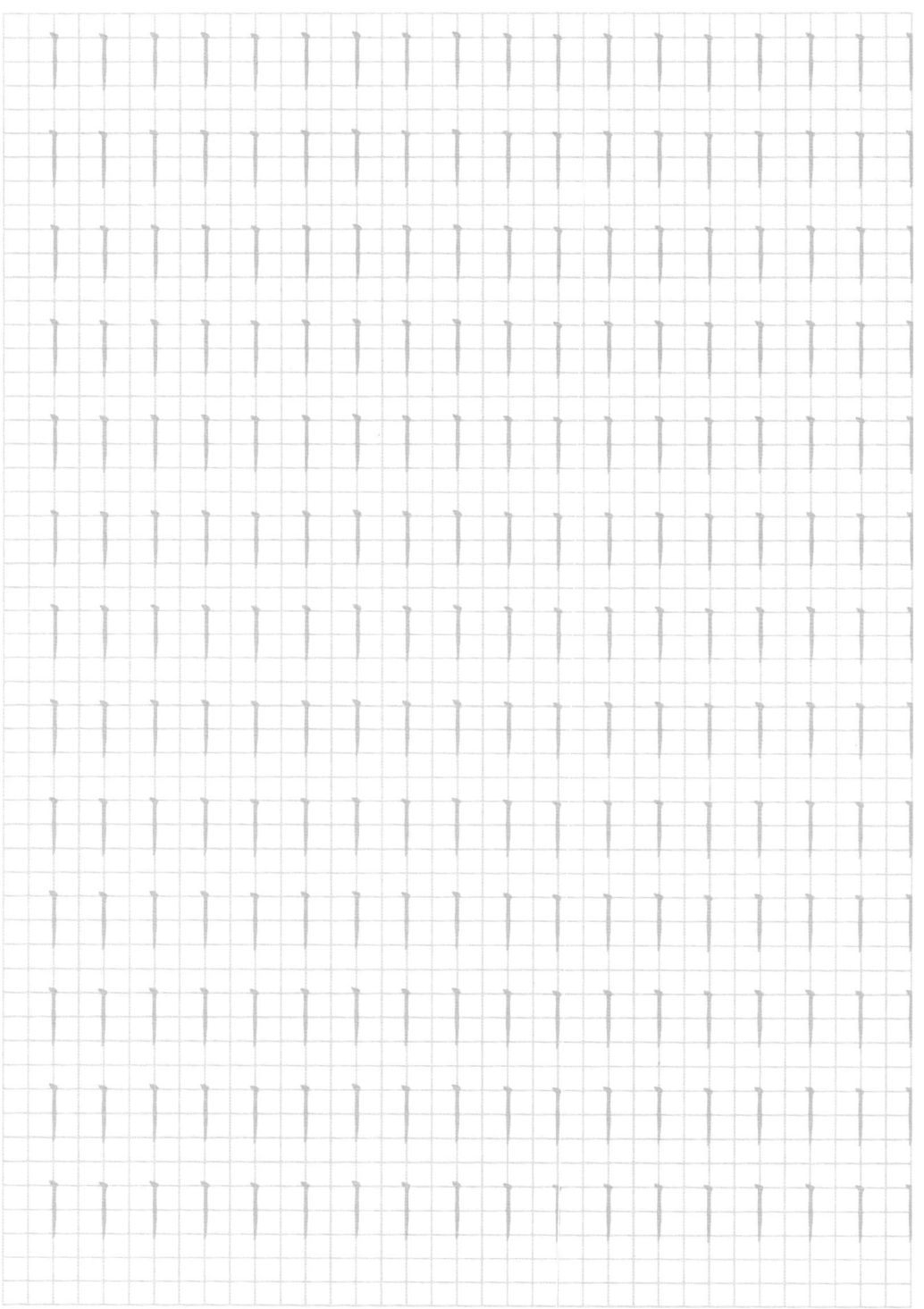

이번에는 사선 연습입니다. 한자의 빗침이나 파임 획처럼 압력 조절을 통해 획의 굵기를 변화시키는 연습입니다.

이번에는 획을 연결해서 연습해보겠습니다.

이제는 보조선 없이 직접 연습해 보겠습니다.

3강
필체를 바꾸지 않고도 글씨를 깔끔하게 쓰는 법

글씨는 얼굴이나 목소리처럼 사람마다 서로 다른 개성이지만, 다른 사람뿐만 아니라 자신마저도 쉽게 알아보지 못한다면 글씨를 통한 상호작용이나 기록물의 역할을 할 수 없을 것입니다.

악필이란 심미성뿐 아니라 가독성이 좋지 않은 글씨를 말합니다. 즉, 글씨가 예쁘지 않을 뿐만 아니라, 무슨 글씨를 썼는지 알아보기 어려운 글씨를 말합니다.

대부분은 급하게 쓰면서 생긴 나쁜 습관 때문에 악필이 되는 경우가 많아서, 평소에 쓰는 속도보다 천천히 신경 써서 쓰면 좋아지는 경우가 많습니다.

원인을 알면 고치기도 쉽습니다. 악필이 되는 원인을 살펴보고 필체를 바꾸지 않고도, 지금보다 깔끔하게 쓰는 방법을 알아보겠습니다.

1. 악필이 되는 원인

(1) 획이 지나치게 과장되거나 축소된 글씨

예술성을 강조하는 캘리그라피는 특별한 효과를 위해서 자음과 모음의 모양과 크기를 변화시키는 경우가 있지만, 일반적인 필기에서 지나치게 자음과 모음을 과장하거나 획을 생략하여 쓰게 되면 개성을 넘어, 정돈되지 않은 느낌을 주게 되고 가독성이 떨어지게 됩니다.

[예] 지나친 장식과 획의 생략

| 기적 | 자음 가로획의 지나친 장식 | 밥 | 자음과 모음의 지나친 획의 생략 |
| 마음 | 자음 'ㅁ'의 지나친 획의 생략 | 널 보고 | 자음 'ㄹ'과 'ㅂ'의 지나친 단순화와 획의 생략 |

[예] 지나친 모음의 단순화

우륵

모음 'ㅜ'의 지나친 단순화와
'ㄷ'인지 'ㄹ'인지 구별할 수 없는 획의 생략

다운

모음 'ㅏ'와 'ㅜ'의 지나친 단순화와
'ㄴ'인지 'ㄷ'인지 구별할 수 없는 자음 획의 생략

오빠

모음 'ㅏ'의 지나친 단순화와
알파벳 'e'와 구별이 힘든 한글 '오'

[예] 지나친 이어쓰기

원해

모음 'ㅐ'의 지나친 단순화와 지나친 이어쓰기

(2) 크기나 모양, 기울기에 통일성이 없는 글씨

글씨를 구성하는 자음과 모음의 크기나 모양 그리고 기울기가 일정하지 않은 글씨는 산만하게 느껴져 집중력을 떨어뜨리는 악필이 됩니다.

[예] 초성과 종성 자음의 크기가 불규칙

양말   vs   양말

큰 초성과 작은 종성으로 통일되어 있는 글씨   초성과 종성의 크기가 일정하지 않은 글씨

이러저러   vs   이러저러

초성 자음의 크기가 일정하게 통일된 글씨   초성 자음의 크기가 불규칙한 글씨

[예] 획이나 글씨의 기울기가 제각각인 글씨

하루 vs 하루

가로획과 세로획의 기울기와 방향이 일정한 글씨 　　　　자음과 모음 획의 기울기와 방향이 일정하지 않은 글씨

아버지 vs 아버지

자음과 모음의 기울기가 일정하게 통일된 글씨 　　　　같은 자음이더라도 모음의 기울기가 통일되지 않은 글씨

요즘은 명조체나 고딕체 같은 활자체 폰트 외에 개성 넘치는 손글씨 형태의 폰트도 많이 개발되고 있습니다.

머나먼 고향 집은 첩첩 산 너머
언제나 꿈속에서 달리는 마음.

한송정 언저리엔 외론 달 뜨고
경포대 앞에는 한 줄기 바람.

갈매기는 모래톱에 모였다 흩어지고
고깃배는 파도 위로 오고 가리니,

언제나 강릉 길을 다시 찾아가
때때옷 입고 슬하에서 바느질하랴.

- 어머니를 그리며(신사임당)_칠곡할매 권안자체 -

새로 한글을 배우신 어르신들의 글씨체입니다.
컴퓨터를 사용하여 긴 문장으로 길게 썼을 때 어색해 보이지 않는 이유는 폰트로 만들었기 때문에 같은 위치의 자음과 모음이 똑같은 모양으로 써지는 통일성이 있기 때문입니다.

손으로는 폰트처럼 매번 똑같이 쓸 수 없겠지만, 가능하면 같은 위치에 오는 자음의 크기와 모양을 일정하게 하고, 글씨에 기울기가 있다면 일정한 방향과 각도가 되도록 해야 합니다.

(3) 자음과 모음이 어색하게 배열된 글씨

알파벳을 쭉 나열해서 쓰는 풀어쓰기 글자인 영어와 달리 한글은 자음과 모음을 초성, 중성, 종성으로 결합해서 쓰는 모아쓰기 글자입니다.

초성과 중성의 간격, 종성의 위치는 글씨의 균형감에 많은 영향을 미칩니다.

간격이 너무 좁으면 답답하게 느껴지고 받침의 위치가 지나치게 한쪽으로 치우쳐 있으면 불안하게 느껴집니다.

[예] 간격이 어색한 글씨

[예] 받침의 위치가 어색한 글씨

자음과 모음의 모양과 방향과 그리고 크기까지 모두 같은 글씨이지만
받침을 어느 위치에 정렬하느냐에 따라 글씨의 느낌이 많이 달라지며 균형감의 차이가 있게 된다.

(4) 글줄 흐름선이 일정하지 않은 글씨

악필을 표현하는 문장 중에 '지렁이가 기어가는 것 같은 글씨'라는 말이 있습니다.

각 획이 반듯하지 않다는 뜻도 있지만 배열이 일정하지 않을 때도 같은 표현을 씁니다. 가로로 배열된 글자는 처음 쓰는 자음의 위치를 기준으로 시각 흐름선이 생성되기 때문에 초성 자음의 위치가 불규칙하면 긴 문장을 읽기에 어려움을 느낄 수 있습니다.

미	래	의		가	장		좋	은		예	언	자	는
과	거	다

미	래	의		가	장		좋	은		예	언	자	는
과	거	다

위의 문장과 아래 문장은 모두 같은 모양의 글씨이지만
초성 자음의 위치가 달라짐에 따라 시각 흐름선이 달라지면서 문장을 읽는 데 많은 차이가 느껴진다.

또한 자음과 모음의 모양이 일정하더라도 글씨의 맞춤선이 일정하지 않으면 눈으로 따라가며 읽기 불편한 문장이 됩니다. 아랫선을 기준으로 정렬하거나 위를 기준으로 정렬할 수도 있지만, 무게 중심선에 맞추어 쓰면 글씨의 크기가 다소 다르더라도 문장을 구성했을 때 훨씬 안정감이 있습니다.

[예]

미래의 가장 좋은 예언자는 과거다.

아랫선을 기준으로 정렬했을 때

미래의 가장 좋은 예언자는 과거다.

무게 중심선을 기준으로 정렬했을 때

(5) 적절한 띄어쓰기가 없는 글씨

요즘 K-Culture에 대한 관심이 높아져서 한글을 공부하는 외국인들도 많아지고 있습니다. 단어의 뜻과 역할을 모르는 채로 외국어로 된 문장을 쓰다 보면 적절한 띄어쓰기 없이 쭉 이어서 쓰는 경우를 보게 됩니다. 띄어쓰기 규칙을 모두 준수하기는 어렵지만, 의미를 구별할 수 있을 정도의 적절한 띄어쓰기가 없다면 가독성이 나쁜 글씨가 됩니다.

[예]

한국어를 공부하는 외국인의 글씨

오나하나만을위하여나홀로내자신속에
띄어쓰기가 없다면 무슨 뜻인지 빨리 파악하기 어렵다.

오 나 하나만을 위하여 나 홀로 내 자신 속에
띄어쓰기가 있어야 의미 단위로 읽기 쉽다.

2. 필체를 바꾸지 않고 깔끔하게 글씨 쓰기

악필이 되는 원인을 살펴보았으니 이제 조금만 신경 써서 연습하면 자신의 글씨체로도 조금 더 깔끔하게 글씨를 쓸 수 있습니다. 정리해보면

(1) 획에 지나친 장식을 하지 않는다.
(2) 획을 생략하여 지나치게 단순화하지 않는다.
(3) 가독성을 해칠 정도로 획을 이어서 쓰지 않는다.
(4) 자음과 모음의 모양, 크기, 기울기에 통일성을 유지한다.
(5) 자음과 모음의 간격과 위치를 어울리게 모아서 쓴다.

글씨는 얼굴이나 목소리처럼 사람마다의 개성이라고 할 수 있습니다. 궁서체처럼 같은 모양의 특정 글씨체를 연습하더라도 개인마다 자음과 모음의 모양과 크기와 배열이 조금씩 다르기 쓰기 때문에 글씨의 느낌도 달라집니다.

자신의 필체로 조금 더 깔끔하게 쓰기 위한 연습을 하거나 새로운 필체를 연습할 때 모두 위의 주의 사항을 마음에 두고 연습하길 바랍니다.

특히 마지막 (5)번의 한글 결구법은 아주 중요하기 때문에 따로 장을 나누어 연습하도록 하겠습니다.

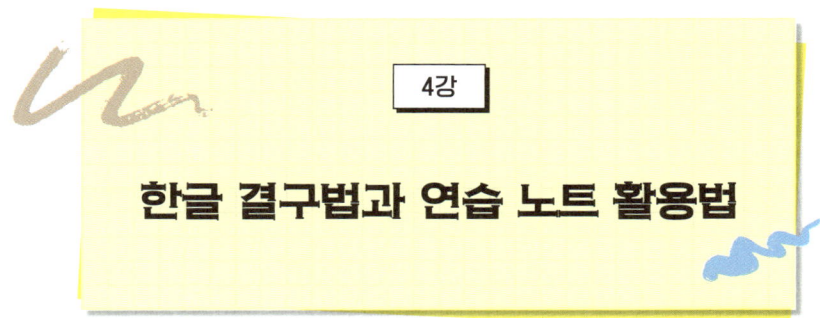

1. 한글 결구법

영어는 알파벳을 순서대로 나열해서 쓰는 풀어쓰기 글자이지만 한글은 자음과 모음을 초성, 중성, 종성으로 결합하여 쓰는 모아쓰기 글자입니다.

따라서 자음과 모음을 각각 아무리 예쁘게 쓰더라도 어울리게 결합하지 않으면 어색한 글씨가 됩니다. 한글을 모아쓰는 방법에 대해 조금 더 자세히 정리해보고 여러 노트를 활용한 효과적인 연습 방법을 알아보겠습니다.

먼저 한글을 모아 쓰는 방법입니다.

(1) 각 글자의 크기를 일정하게 씁니다.
방안 노트나 국어 노트를 사용하여 기본 크기를 넘어가지 않도록 합니다.

10칸 국어노트

(2) 자음과 모음의 간격을 적당하게 배열하여 씁니다.
특히 닫힌 자음의 공간이 모음과의 간격보다 좁아지지 않게 쓰고, 반복되는 가로획 자음과 모음의 간격이 차이가 많이 나지 않도록 씁니다.

(×) 자음 폭 < 자·모음 간격　(○) 자음 폭 > 자·모음 간격　(×) 가로획 간격이 불규칙　(○) 가로획 간격이 일정

(3) 초성이나 종성의 같은 위치에 있는 자음의 크기를 일정하게 씁니다.

특히 'ㅁ,ㅂ,ㅇ,ㅍ,ㅎ'처럼 닫힌 자음의 크기는 금방 눈에 띄기 때문에 문장 내에서 크게 달라지지 않도록 합니다.

(×) 초성이나 받침 자음의 크기가 많이 변화 　　　(○) 초성이나 받침 자음의 크기가 일정

(4) 받침의 위치는 모음을 기준으로 정렬하여 씁니다.

받침의 오른쪽이 모음을 지나치게 벗어나 균형을 잃지 않도록 주의하여 씁니다.
선호도에 따라 왼쪽 또는 오른쪽으로 치우치게 쓰는 경우 통일감 있게 쓰도록 합니다.

(×) 받침의 위치가 계속 변화 　　　(○) 받침의 위치가 일정

(×) 받침의 위치가 계속 변화 　　　(○) 받침이 치우쳤지만 일정하게 위치

(5) 받침에 따라 모음의 길이를 조절하여 씁니다.

받침이 있는 모음이 지나치게 짧아서 어색한 공간을 만들거나, 지나치게 길어서 받침의 위치를 방해하지 않도록 적당한 길이로 씁니다.

(×) 너무 짧은 모음 길이　　　　(×) 너무 긴 모음 길이　　　　(○) 적당한 모음 길이

(6) 가상의 도형 안에 글씨를 넣어서 씁니다.

각 글자는 삼각형이나 마름모형, 직사각형처럼 일정한 모양의 틀 안에서 쓸 수 있습니다. 어울리는 도형을 떠 올리며 틀을 벗어나지 않도록 쓰면 균형감을 높일 수 있습니다.

(7) 무게 중심선을 기준으로 일정하게 정렬하여 씁니다.

위나 아래에 정렬하는 것보다 무게 중심선을 기준으로 정렬하면 글씨의 크기가 조금 다르더라도 어색하지 않게 배열할 수 있습니다.

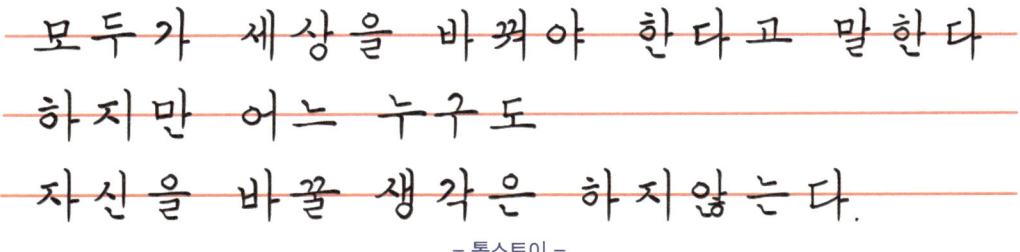

– 톨스토이 –

2. 연습 노트 활용법

방안 노트와 10칸 노트 등 연습 노트를 활용하여 모아 쓰기를 연습합니다.

(1) 방안 노트

방안 노트는 손쉽게 구할 수 있는 연습 노트입니다. 다양한 크기의 제품이 있기 때문에 자신의 글씨체를 연습하기에 적당한 간격의 방안 노트를 구하여 간격과 정렬을 고려하여 연습합니다.

첫째, 받침 없는 가로 연결 글씨

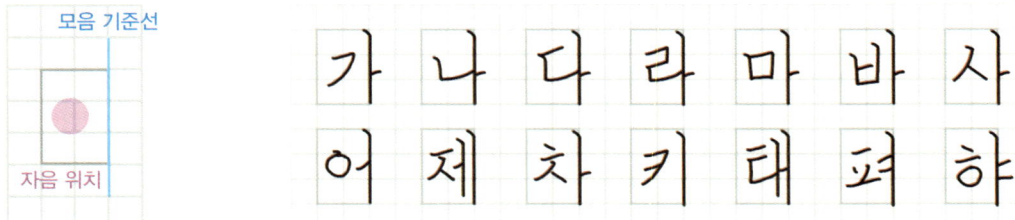

가이드 글씨를 따라 연습해 보겠습니다.

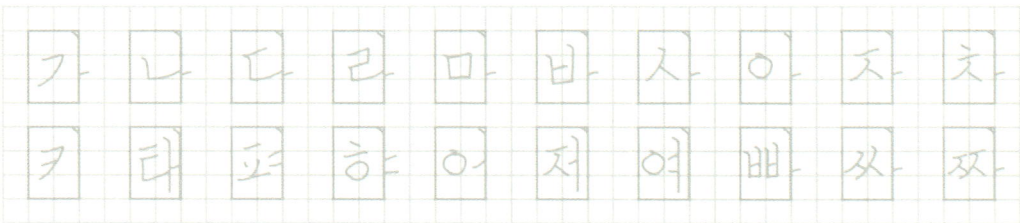

방안 노트에 직접 글씨를 쓰면서 연습해 보겠습니다.

둘째, 받침 없는 세로 연결 글씨

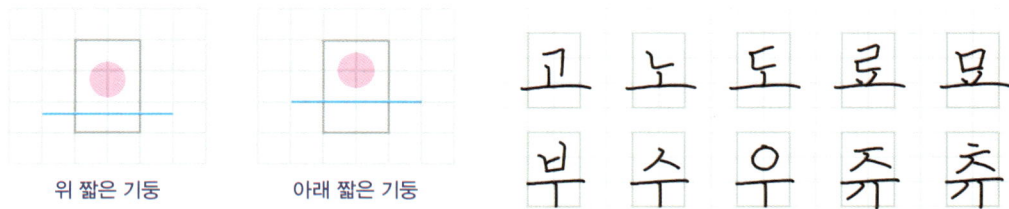

가이드 글씨를 따라 연습해 보겠습니다.

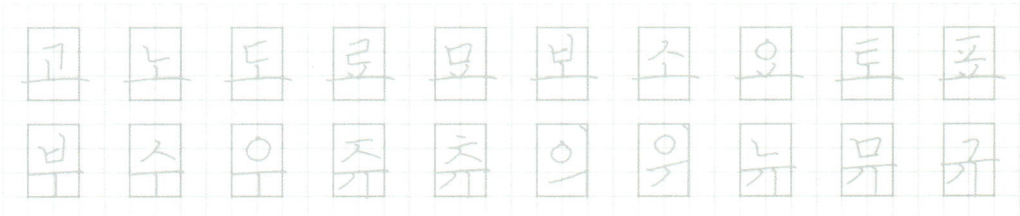

방안 노트에 직접 글씨를 쓰면서 연습해 보겠습니다.

셋째, 받침 있는 가로 연결 글씨

가이드 글씨를 따라 연습해 보겠습니다.

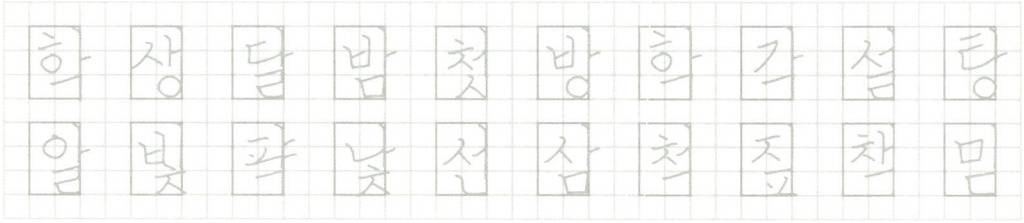

방안 노트에 직접 글씨를 쓰면서 연습해 보겠습니다.

넷째, 받침 있는 세로 연결 글씨

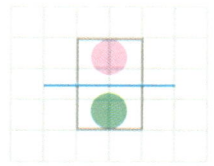

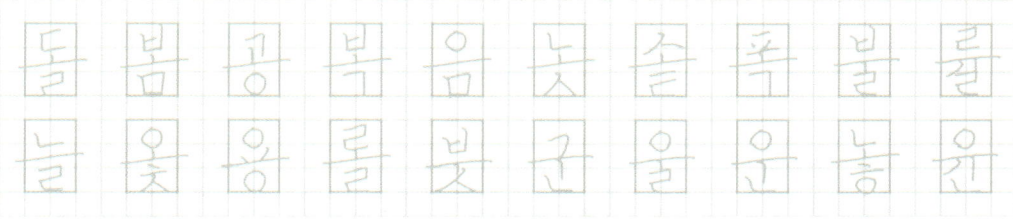

가이드 글씨를 따라 연습해 보겠습니다.

방안 노트에 직접 글씨를 쓰면서 연습해 보겠습니다.

좋아하는 단어들의 배열을 생각하며 방안 노트에 연습해 보겠습니다.

(2) 원고지 & 10칸 노트

방안 노트 연습을 통하여 모아 쓰기 연습이 끝났다면 원고지나 국어 노트를 활용하여 전체 크기를 일정하게 유지하면서 문장을 쓰는 연습을 합니다.

첫째, 원고지에 글씨 쓰기

가이드 글씨를 따라 연습해 보겠습니다.

― 셰익스피어 ― 로미오와 줄리엣 중에서 ―

원고지에 직접 글씨를 쓰면서 연습해 보겠습니다.

둘째, 10칸 노트에 글씨 쓰기

가이드 글씨를 따라 연습해 보겠습니다.

사랑한다는 것은 두
사람이 서로 마주 보
는 것이 아니라 함께
같은 방향을 바라보는
것이라는 것을 우리는
경험을 통해서 안다

- 생텍쥐페리 -

10칸 노트에 직접 글씨를 쓰면서 연습해보겠습니다.

2부

기본 글씨 연습

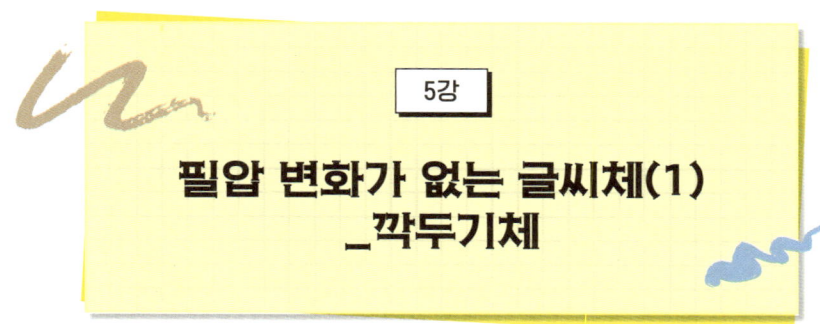

5강
필압 변화가 없는 글씨체(1)
_깍두기체

이번 시간에는 필압 변화 없이 앞에서 배운 선 긋기 연습을 응용하여 돋움체처럼 사각형 모양의 글씨체를 연습해 보겠습니다. 처음 한글이 만들어졌을 때의 글꼴은 네모꼴 형태였습니다. 사각형 모양의 글씨체는 무겁고 진중한 느낌을 주기 때문에 주로 제목을 쓰거나 핵심 단어를 강조할 때 주로 사용되지만 살짝 기울기를 주어 쓰면 일상적인 필기로도 잘 어울리는 글씨체입니다.

기본형을 연습해보고 응용형도 함께 연습해 보겠습니다.

한 손은 스스로를 돕는 것이고
나머지 한 손은
다른 사람들을 돕기 위한 것이다
- 오드리 헵번(기울기 없는 네모꼴 글씨) -

젊음은 사라지고
사랑은 시들며
우정의 잎은 떨어지지만
어머니의 깊은 사랑은
그 모든 것보다 오래간다
- O. W. 홈즈(기울기 있는 네모꼴 글씨) -

1. 기본 자음 연습

선 긋기 연습을 하듯 기본 획을 연습하고, 획의 방향을 변화시키거나 모서리를 살짝 둥글게 쓰는 변형체를 연습해 보겠습니다.

먼저 자음 연습입니다. 한글의 자음은 기본자에 획을 더하거나 겹쳐 써서 만들었기 때문에 같이 분류되는 자음은 같은 모양으로 쓰는 것이 좋습니다.

(1) 어금닛소리(ㄱ, ㅋ) 자음 연습입니다.

(2) **혓소리(ㄴ, ㄷ, ㅌ, ㄹ) 자음 연습입니다.**

(3) 입술소리(ㅁ, ㅂ, ㅍ) 자음 연습입니다.

(4) 잇소리(ㅅ, ㅈ, ㅊ) 자음 연습입니다.

(5) 목구멍소리(ㅇ, ㅎ) 자음 연습입니다.

2. 쌍자음 연습

쌍자음을 쓸 때는 같은 크기로 쓰거나 앞 자음을 살짝 작게 쓰는 것이 좋습니다.
뒷자음이 작아지지 않도록 주의하며 씁니다.

3. 복자음 연습

쌍자음과 마찬가지로 같은 크기로 쓰거나 앞 자음을 살짝 작게 씁니다.

4. 단모음 연습

발음할 때 처음과 끝이 일정하게 소리 나는 모음입니다.
※ 단모음 중 'ㅡ' 와 'ㅣ'는 생략하였습니다.

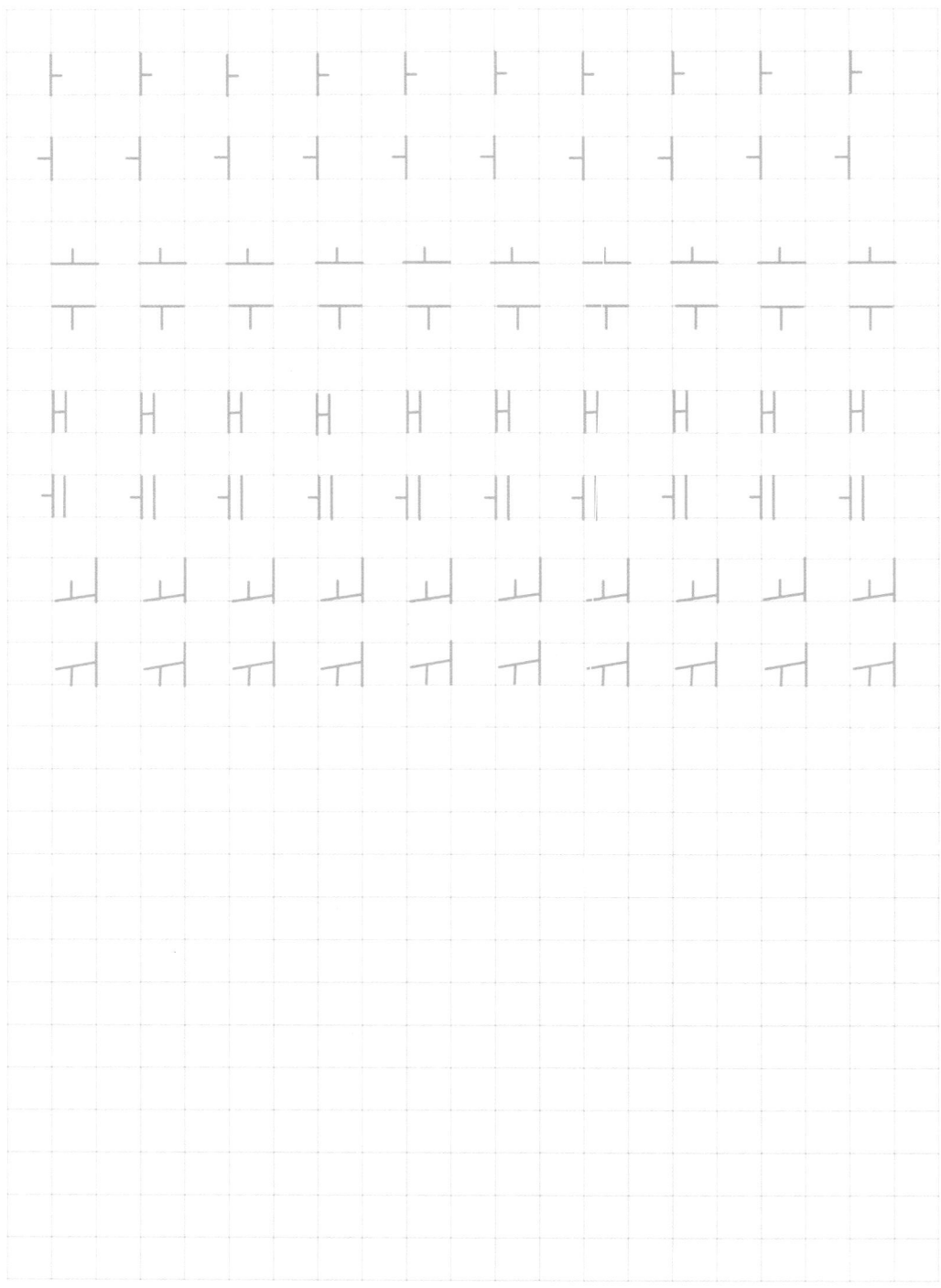

5. 복모음 연습

발음할 때 처음과 끝이 달라지는 모음입니다.
※ 복모음 중 'ㅢ'는 생략하였습니다.

6. 단어 연습

이번엔 글씨체에 맞는 연습 노트를 활용하여 단어 쓰는 연습을 해보겠습니다. 하지만 연습 노트는 가이드일뿐입니다. 2열과 3열의 예처럼 자신이 선호하는 글씨체에 따라 자음과 모음 사이의 간격을 조절하며 연습합니다.

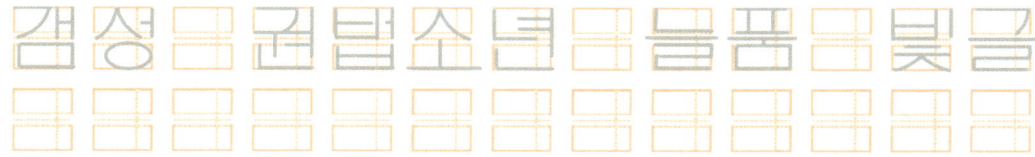

아래의 예와 같이 윗줄과 아랫줄 글씨는 획과 결구에 아주 작은 차이가 있을 뿐이지만 느낌은 많이 다릅니다.

앞에서 연습한 한글의 모아쓰기 방법을 돌아보고 어떤 차이점이 있는지 알아보겠습니다.

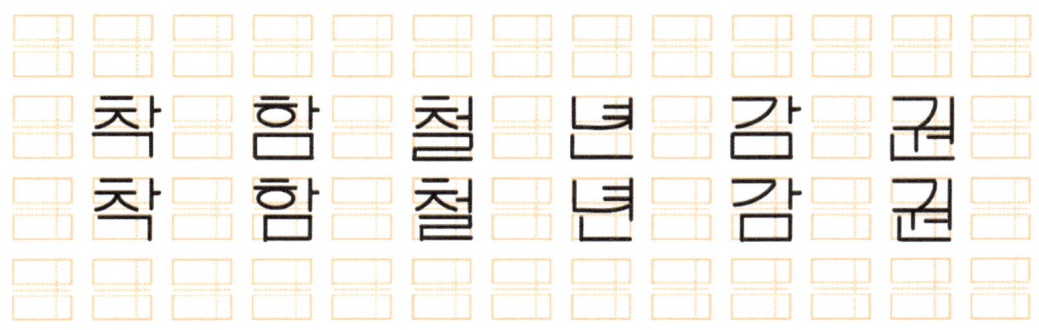

윗줄 글씨의 어색한 점을 찾아보고 주의할 사항을 확인해보겠습니다.

(1) 공통적으로 종성인 받침이 초성보다 앞으로 나가지 않도록 쓰는 것이 좋습니다.

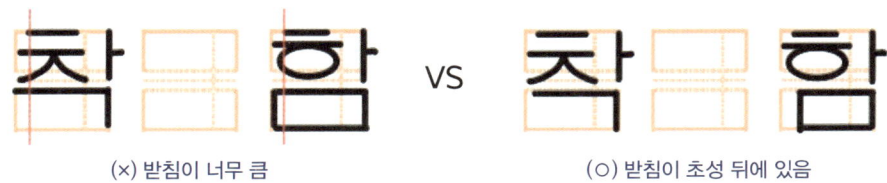

(×) 받침이 너무 큼   (○) 받침이 초성 뒤에 있음

(2) '철'자의 'ㄹ'받침처럼 반복되는 가로획은 일정한 간격으로 쓰는 것이 좋습니다.

(×) 받침이 크고 'ㄹ' 획의 간격이 불규칙   (○) 받침의 크기와 가로획의 간격이 적당

(3) '년'자처럼 받침이 'ㄴ'인 경우 모음 세로획을 조금 길게 써서 오른쪽 아래 공간을 채워 주는 것이 좋습니다.

(×) 받침이 크고 모음의 길이가 너무 짧음

(○) 오른쪽이 비어있는 받침의 경우 모음 획을 조금 길게 쓰는 게 좋음

(4) '감'자의 초성자음 'ㄱ'보다 모음 세로획 'ㅏ'가 짧아지지 않도록 하는 좋습니다.

(×) 받침이 크고 모음의 길이가 너무 짧음

(○) 받침의 크기와 모음의 길이가 적당

(5) '권' 자의 'ㅝ'에서 짧은 기둥이 모음 세로획보다 더 아래로 내려가지 않는 것이 좋습니다.

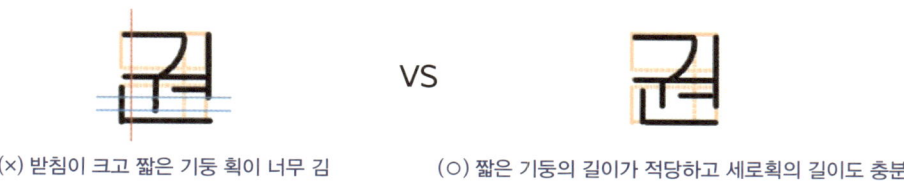

(×) 받침이 크고 짧은 기둥 획이 너무 김

(○) 짧은 기둥의 길이가 적당하고 세로획의 길이도 충분

자신의 선호도와 주의 사항을 고려하여 좋아하는 단어들을 선택해서 다시 한번 연습해 보겠습니다.

획이 꺾어지는 부분을 굴림으로 처리하면 조금 더 부드러운 느낌의 글씨체를 만들 수 있습니다.

글자에 기울기를 주고 글자의 폭을 조금 줄이면 더 경쾌한 느낌의 글씨체를 만들 수 있습니다.

7. 문장 연습

연습 노트에 익숙해졌다면 이제는 일반노트에 문장을 쓰면서 연습해 보겠습니다.

인간은 항상 시간이 모자란다고
불평을 하면서
마치 시간이 무한정 있는 것처럼
행동한다

속도를 줄이고 인생을 즐겨라
너무 빨리 가다보면
놓치는 것은 주위 경관 뿐이 아니다
어디로 왜 가는지도 모르게 된다

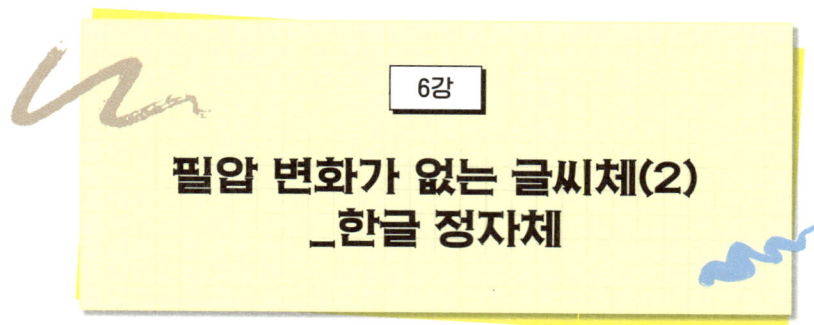

6강
필압 변화가 없는 글씨체(2)
_한글 정자체

이번 시간에는 필압 변화 없는 한글 정자체를 연습해 보겠습니다.

붓글씨 느낌이 많이 나는 궁서체와 달리 필압 변화 없이 펜 글씨로 흘림 없이 또박 또박 쓰는 글씨체입니다.

1. 기본 자음 연습

네모꼴 글씨와 달리 오른쪽 위로 경사를 주며 연습합니다.

첫째, 어금닛소리(ㄱ,ㅋ) 자음 연습입니다.

둘째, 혓소리(ㄴ, ㄷ, ㅌ, ㄹ) 자음 연습입니다.

셋째, 입술소리(ㅁ, ㅂ, ㅍ) **자음 연습입니다.**

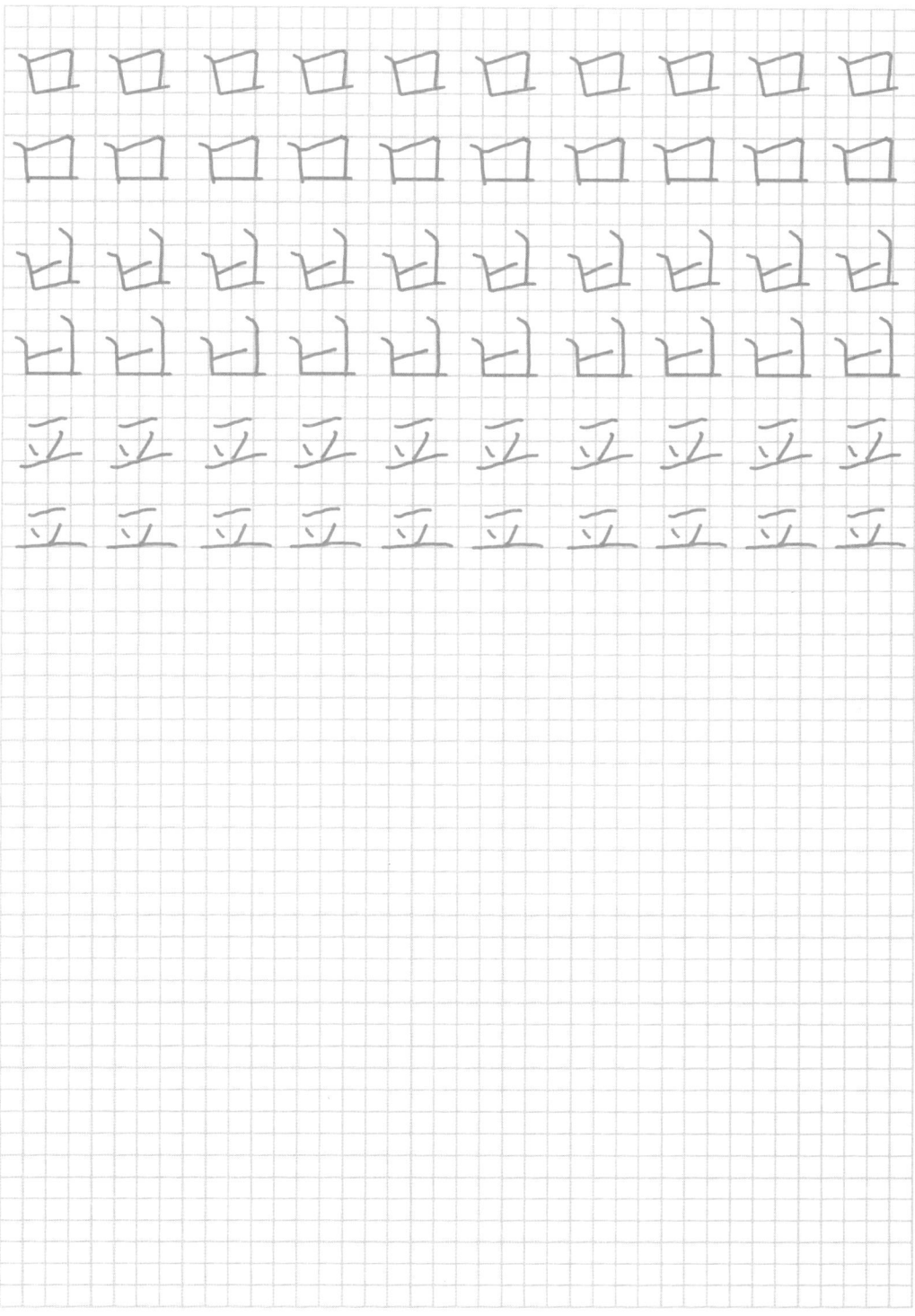

넷째, 잇소리(ㅅ, ㅈ, ㅊ) 자음 연습입니다.

한글 정자체에서는 'ㅈ'과 'ㅊ'은 궁서체와 달리 '갈래지읒(ㅈ)'과 '치읓(ㅊ)'으로 쓰지 않고 '꺾임지읒(ㅈ)'과 '치읓(ㅊ)'으로 연습합니다.

다섯째, 목구멍소리(ㅇ, ㅎ) 자음 연습입니다.

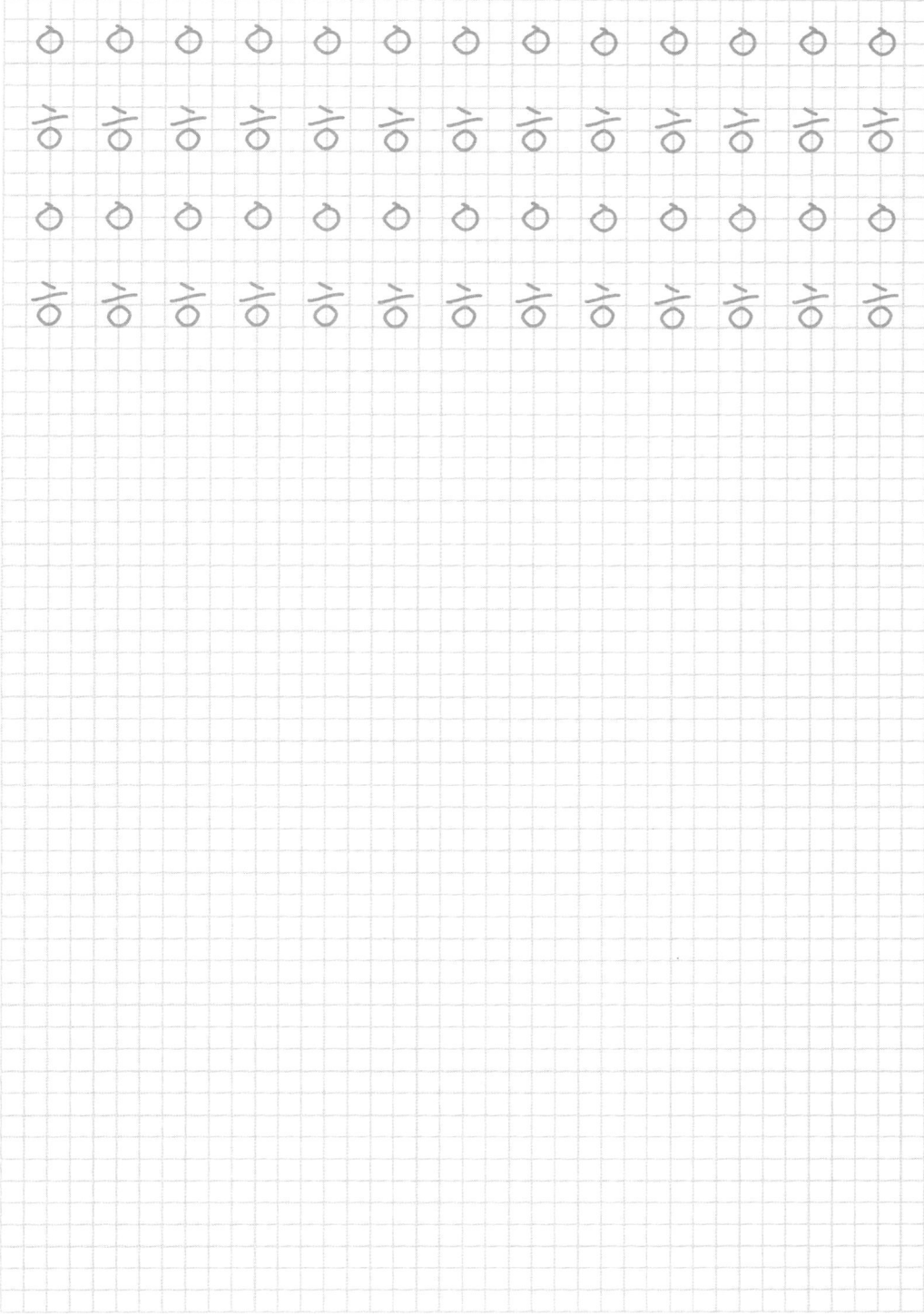

2. 쌍자음 연습

겹 자음을 쓸 때는 같은 크기로 쓰거나 앞자음을 살짝 작게 쓰는 것이 좋습니다.
뒷자음이 작아지지 않도록 주의하며 씁니다.

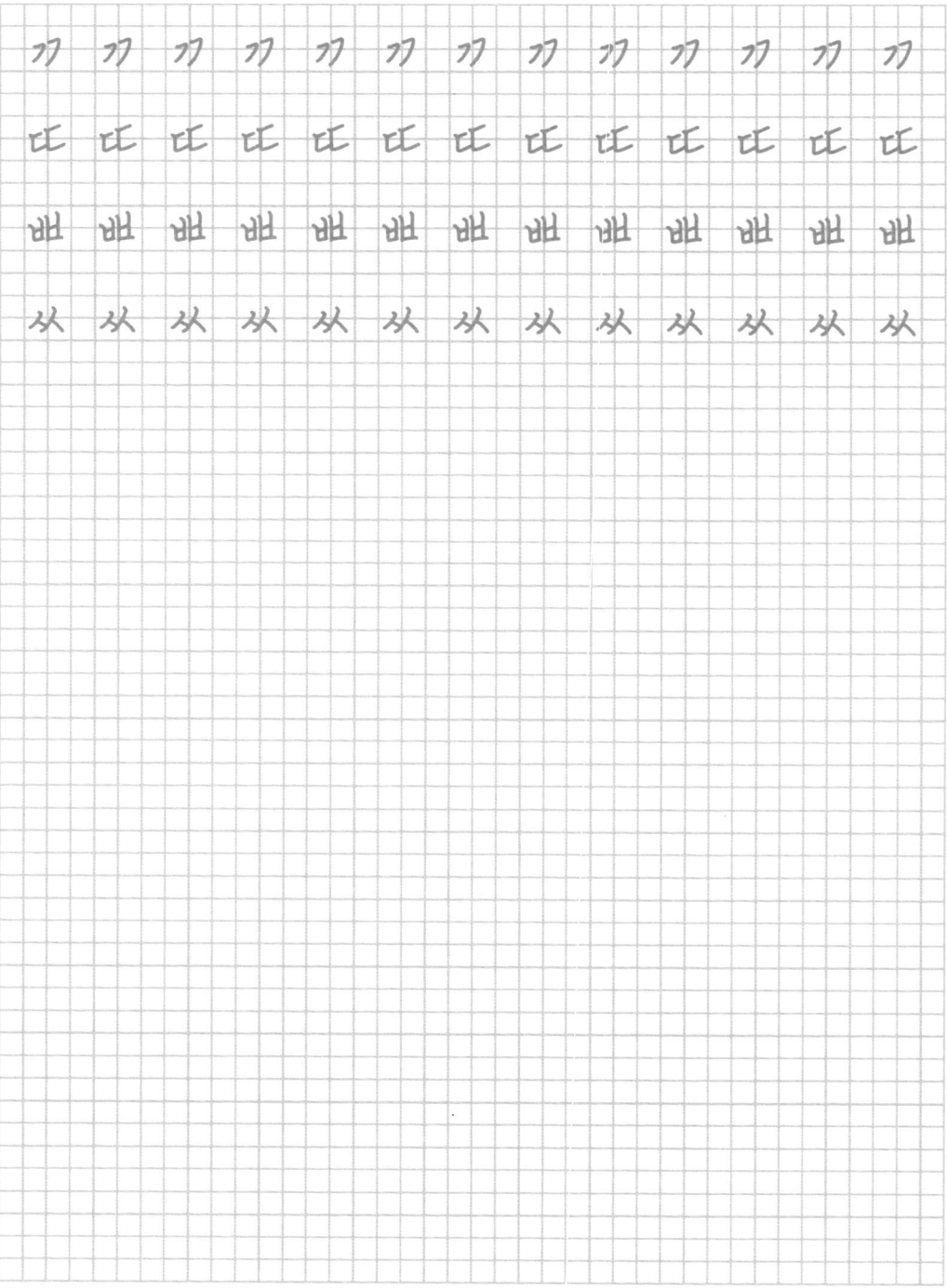

3. 복자음 연습

겹자음과 마찬가지로 같은 크기로 쓰거나 앞자음을 살짝 작게 씁니다.

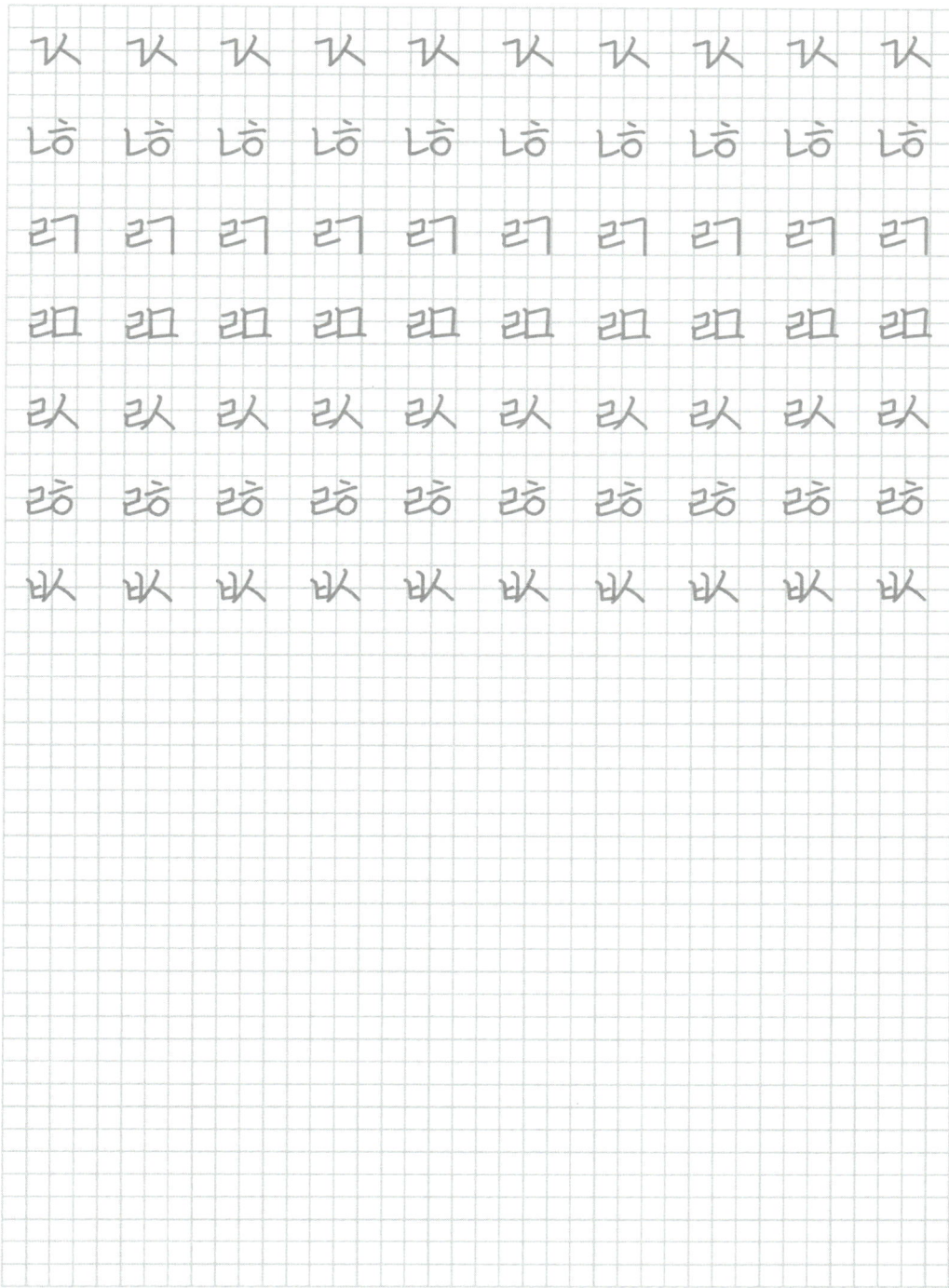

4. 단모음 연습

발음할 때 처음과 끝이 일정하게 소리 나는 모음입니다. 가로획에 돌기를 쓰지 않고, 세로획은 부리로 시작하여 일정한 압력으로 획을 쓰고 마무리합니다.

5. 복모음 연습

발음할 때 처음과 끝이 달라지는 모음입니다.

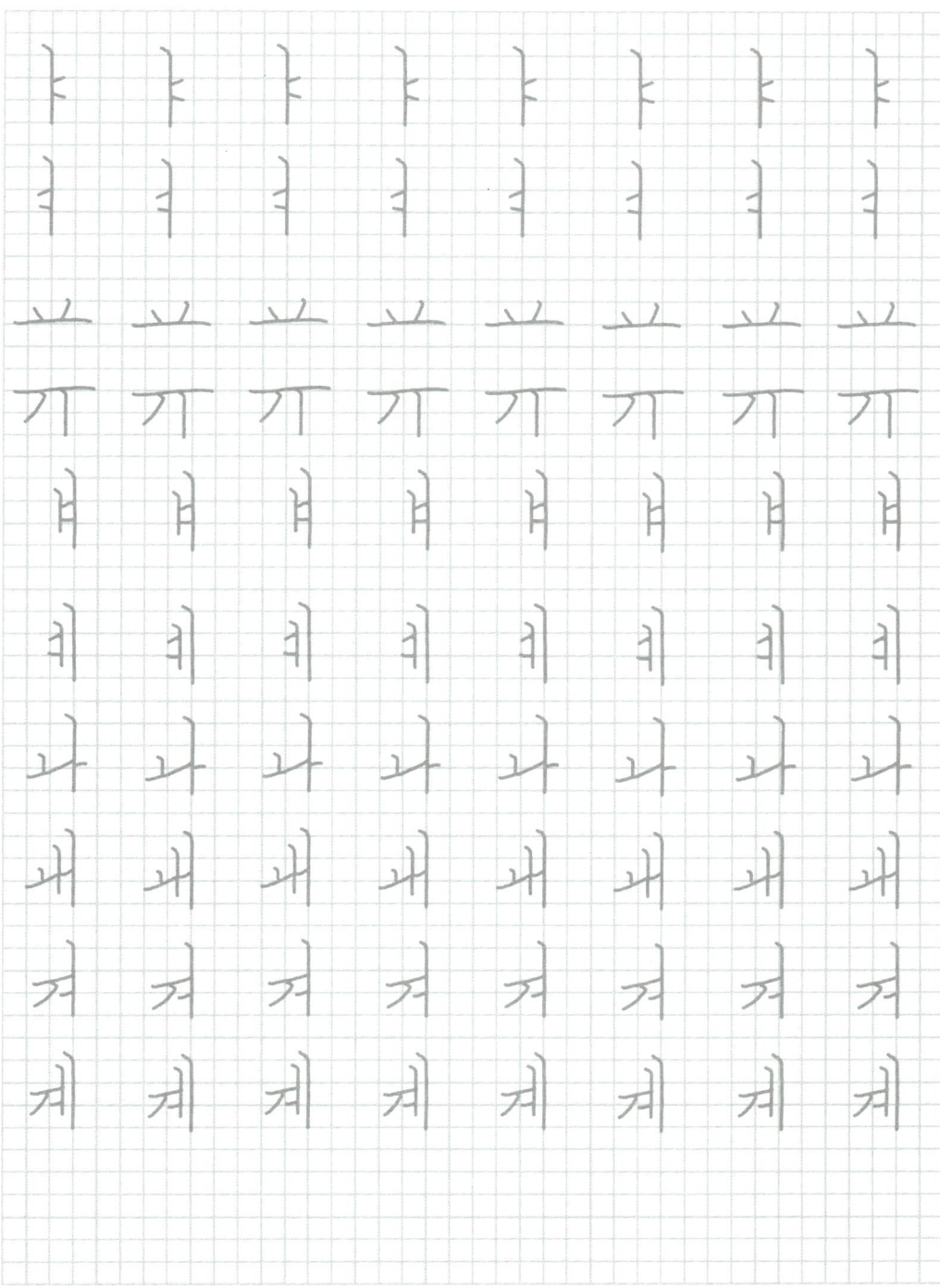

6. 단어 연습

살짝 오른쪽이 올라가도록 경사를 주고 앞에서 연습한 한글 결구법을 생각하며 자음과 모음을 모아서 씁니다.

7. 문장 연습

이번에 10칸 국어 노트에 문장을 쓰면서 연습해보겠습니다.

계	절	이		지	나	가	는		하
늘	에	는		가	을	로		가	득
차		있	습	니	다		나	는	
아	무		걱	정	도		없	이	
가	을		속	의		별	들	을	
다		헤	일		듯	합	니	다	
가	슴	속	에		하	나		둘	
새	겨	지	는		별	을		이	제
다		못		헤	는		것	은	
쉬	이		아	침	이		오	는	
까	닭	이	오		내	일		밤	이
남	은		까	닭	이	오		아	직
나	의		청	춘	이		다	하	지
않	은		까	닭	입	니	다		

- 윤동주의 '별 헤는 밤' 中에서 -

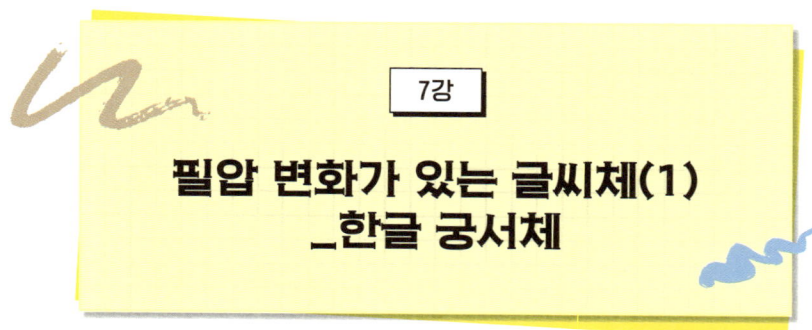

7강
필압 변화가 있는 글씨체(1)
_한글 궁서체

　한글이 발명된 후 초창기 서적에 많이 사용된 판본체는 반듯하고 획이 굵은 서체로 사각형에 가까운 모양입니다. 비석이나 활자를 조각하기에 유리하고 읽기는 쉽지만, 붓글씨로 쓰기에는 불편하여 점점 필사에 유리한 모양으로 변하였는데, 조선 중기에 궁중에서 한글 필사가 늘어나며 궁체 또는 궁중 서체가 완성되었다고 합니다. 궁서체는 부드럽지만 단정하고 우아한 붓글씨의 맛을 표현하기 위해 펜의 압력을 조절하면서 획을 쓸 수 있도록 연습해야 합니다.

1. 기본 모음 연습

　이번 시간에는 모음을 먼저 연습해보겠습니다. 펜의 압력을 조절하여 획의 시작과 끝에서 부리나 꼬리 또는 돌기의 모양이 충분히 표현되도록 연습합니다.

(1) 단모음

발음할 때 처음과 끝이 일정하게 소리 나는 모음입니다.

   세로획은 부리로 시작하여 꼬리로 마무리합니다. 가로획은 첫돌기로 시작해서 맺음돌기로 마무리합니다. 'ㅏ'의 곁줄기는 세로획(기둥)의 가운데보다 조금 아래에 쓰고, 'ㅜ'의 짧은 기둥은 가로획(보)의 가운데보다 살짝 뒤에 씁니다. 단모음 중 'ㅡ'와 'ㅣ'는 생략하였습니다.

(2) 복모음 연습
발음할 때 처음과 끝이 달라지는 모음입니다.

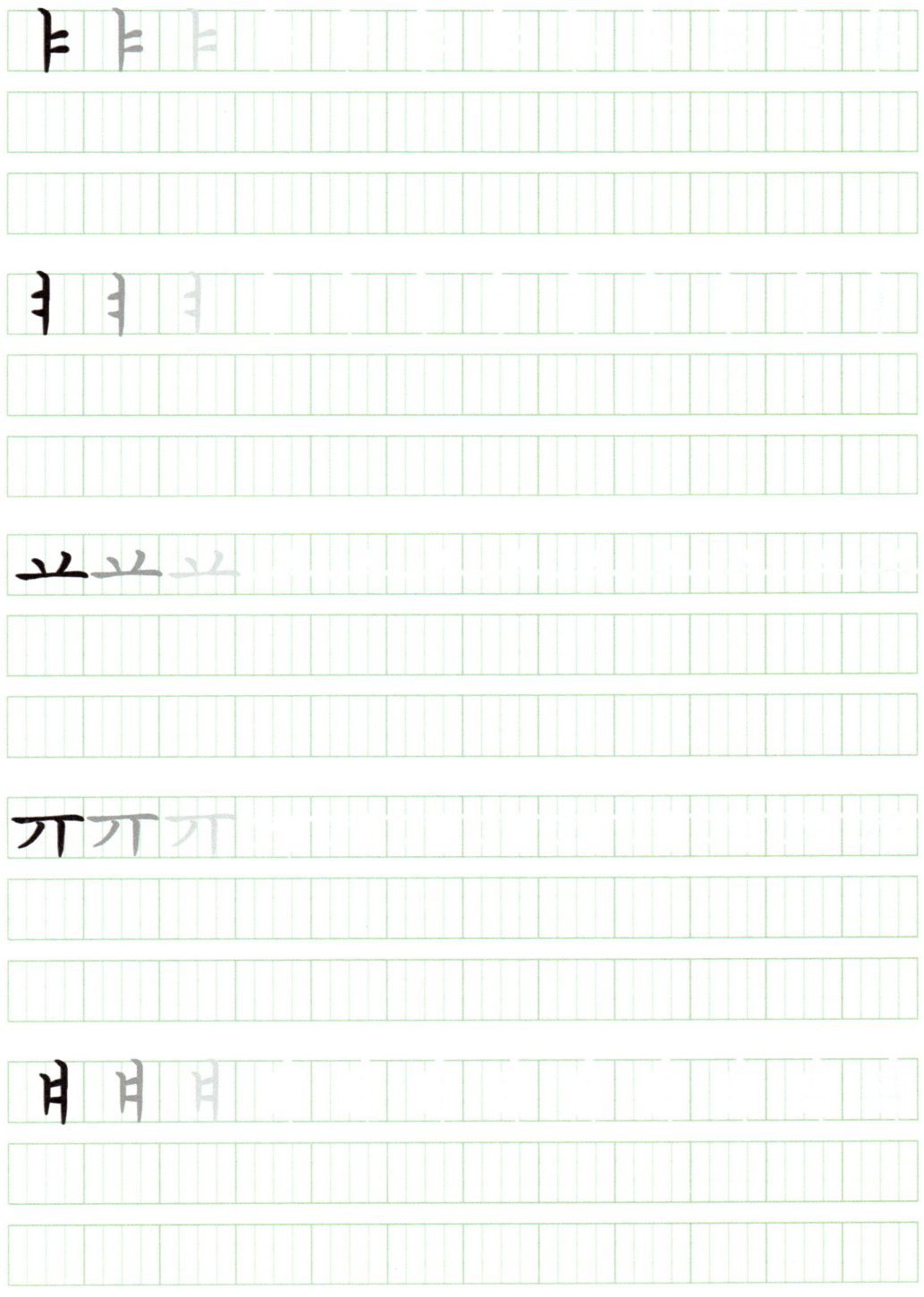

2. 기본 자음 연습

자음은 함께 쓰는 모음에 따라 조금씩 모양을 변형하여 씁니다.

(1) 단자음 연습

앞에서 연습한 모음과 함께 쓰면서 연습해 보겠습니다.

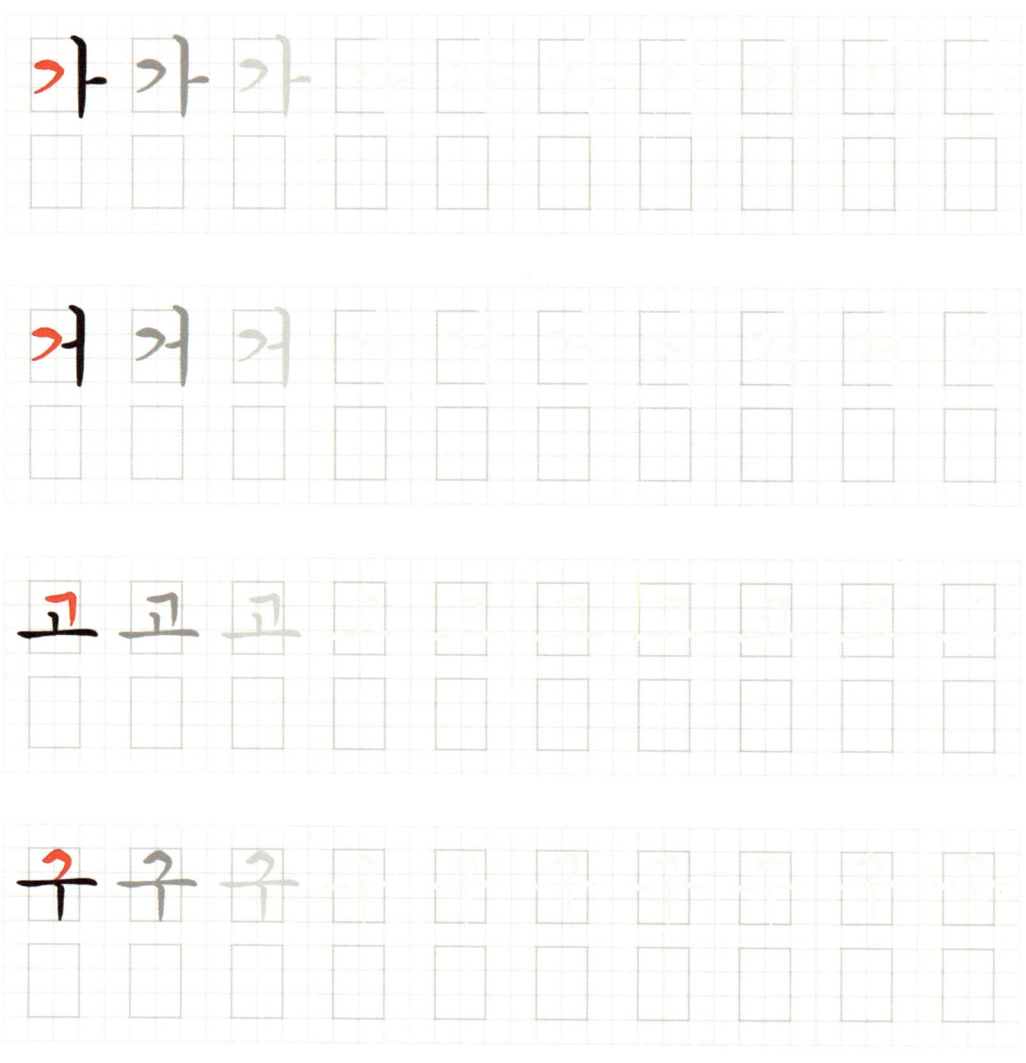

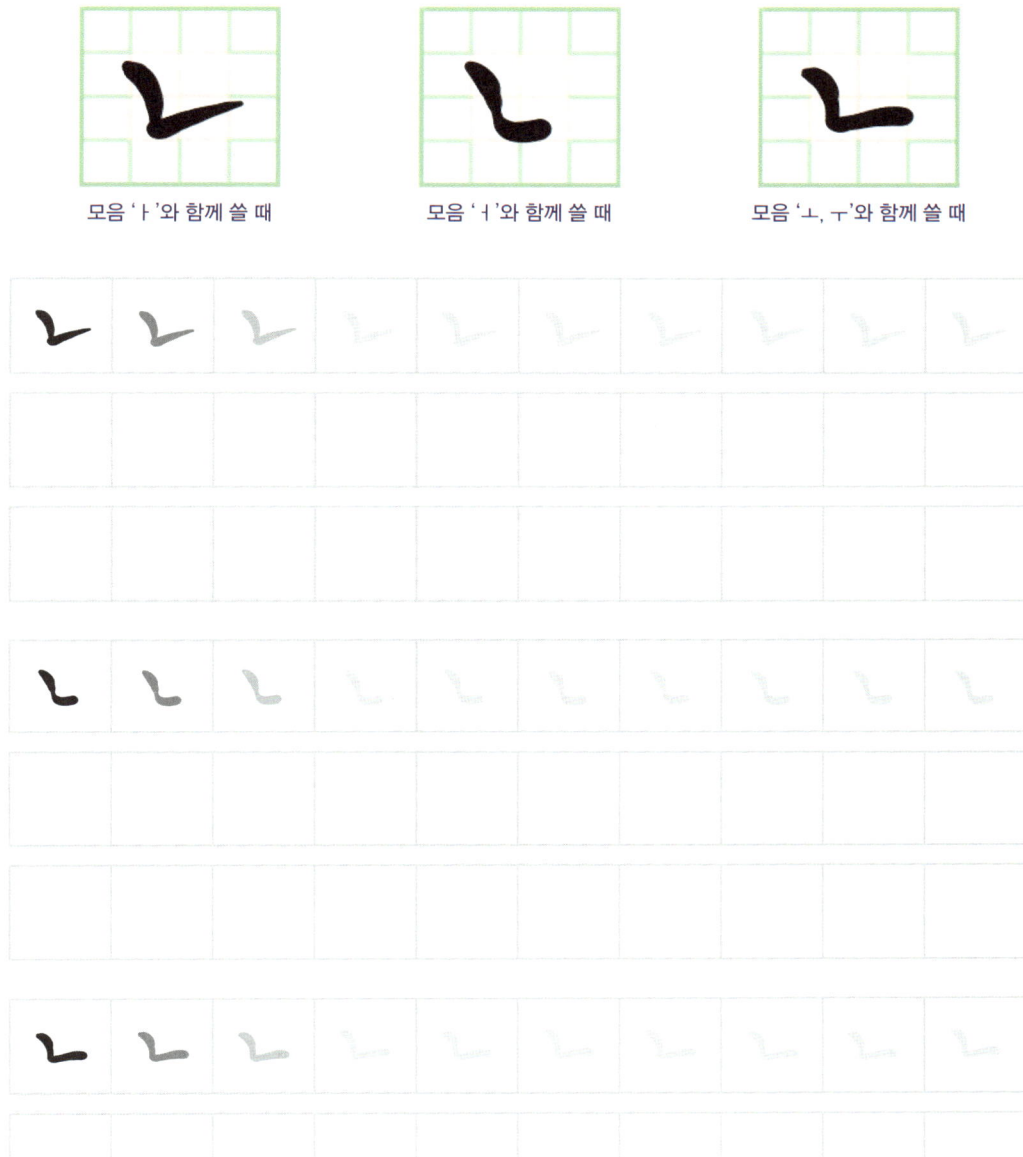

모음 'ㅏ'와 함께 쓸 때   모음 'ㅓ'와 함께 쓸 때   모음 'ㅗ, ㅜ'와 함께 쓸 때

2부. 기본 글씨 연습

앞에서 연습한 모음과 함께 쓰면서 연습해 보겠습니다.

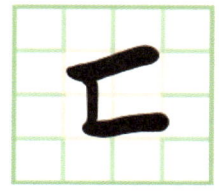

모음 'ㅏ'와 함께 쓸 때   모음 'ㅓ'와 함께 쓸 때   모음 'ㅗ, ㅜ'와 함께 쓸 때

앞에서 연습한 모음과 함께 쓰면서 연습해 보겠습니다.

모음 'ㅏ'와 함께 쓸 때   모음 'ㅓ'와 함께 쓸 때   모음 'ㅗ, ㅜ'와 함께 쓸 때

앞에서 연습한 모음과 함께 쓰면서 연습해 보겠습니다.

모음 'ㅏ'와 함께 쓸 때   모음 'ㅓ'와 함께 쓸 때   모음 'ㅗ, ㅜ'와 함께 쓸 때

앞에서 연습한 모음과 함께 쓰면서 연습해 보겠습니다.

모음 'ㅏ'와 함께 쓸 때

모음 'ㅓ'와 함께 쓸 때

모음 'ㅗ, ㅜ'와 함께 쓸 때

앞에서 연습한 모음과 함께 쓰면서 연습해 보겠습니다.

모음 'ㅏ'와 함께 쓸 때

모음 'ㅓ'와 함께 쓸 때

모음 'ㅗ, ㅜ'와 함께 쓸 때

2부. 기본 글씨 연습

앞에서 연습한 모음과 함께 쓰면서 연습해 보겠습니다.

모음 'ㅏ, ㅓ'와 함께 쓸 때   모음 'ㅗ'와 함께 쓸 때   모음 'ㅜ'와 함께 쓸 때

앞에서 연습한 모음과 함께 쓰면서 연습해 보겠습니다.

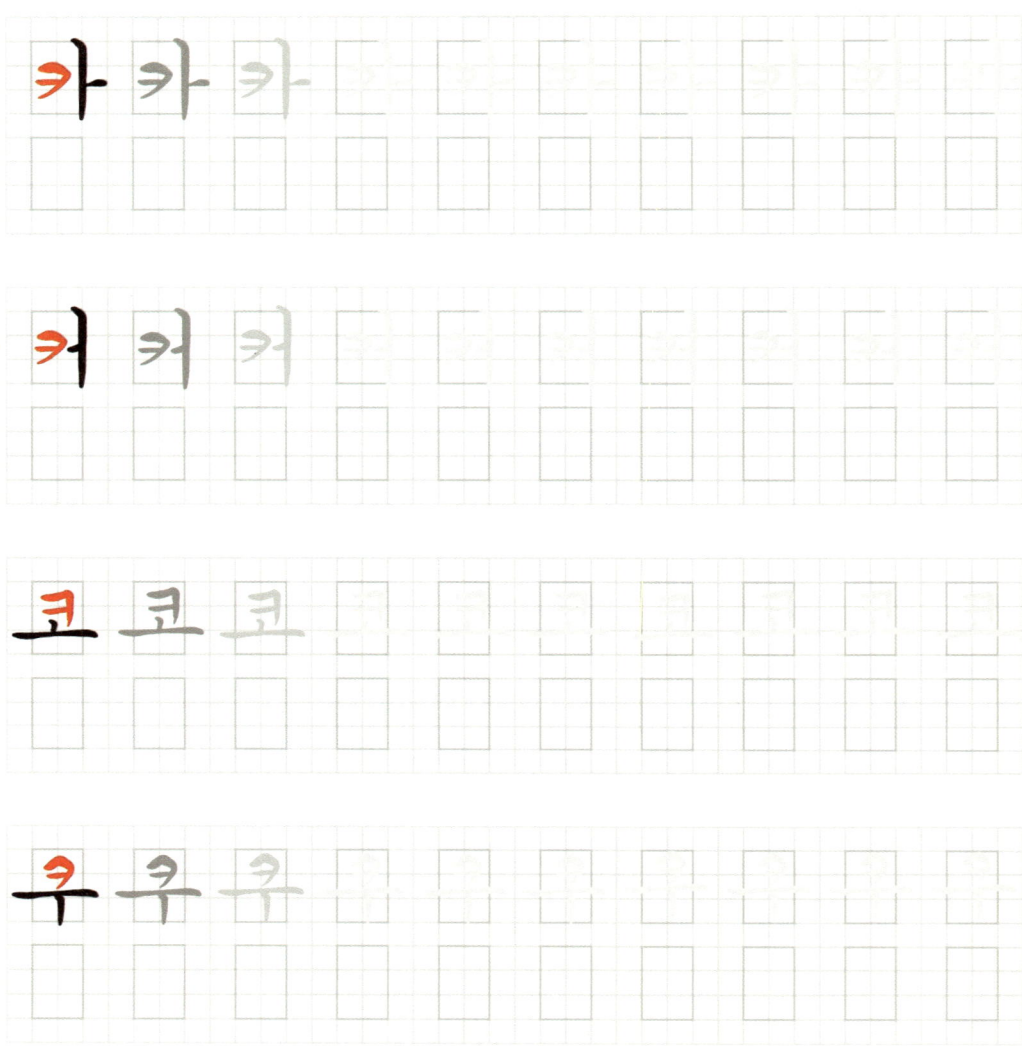

 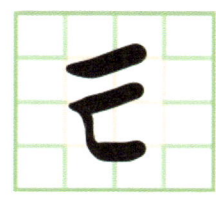 

모음 'ㅏ'와 함께 쓸 때　　　모음 'ㅓ'와 함께 쓸 때　　　모음 'ㅗ, ㅜ'와 함께 쓸 때

앞에서 연습한 모음과 함께 쓰면서 연습해 보겠습니다.

모음 'ㅏ'와 함께 쓸 때

모음 'ㅓ'와 함께 쓸 때

모음 'ㅗ, ㅜ'와 함께 쓸 때

2부. 기본 글씨 연습

115

앞에서 연습한 모음과 함께 쓰면서 연습해 보겠습니다.

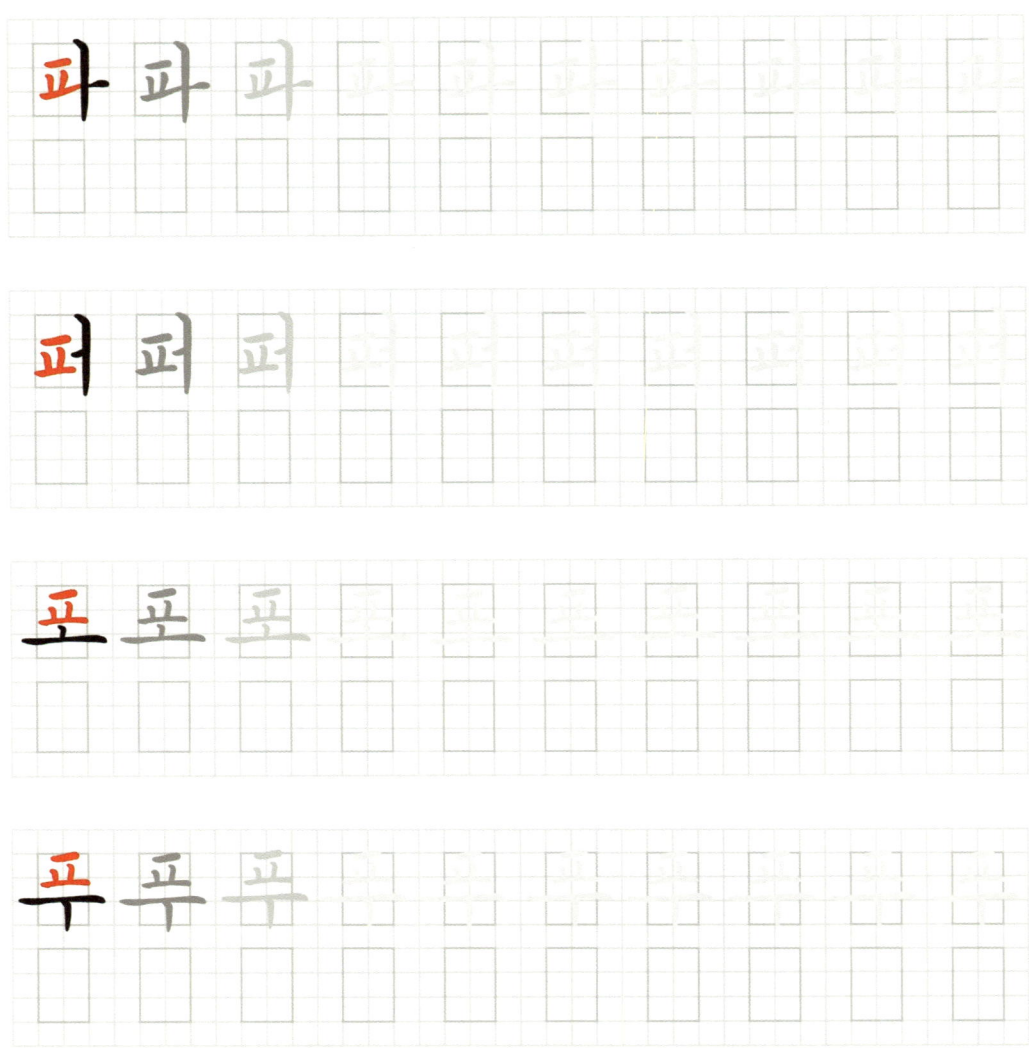

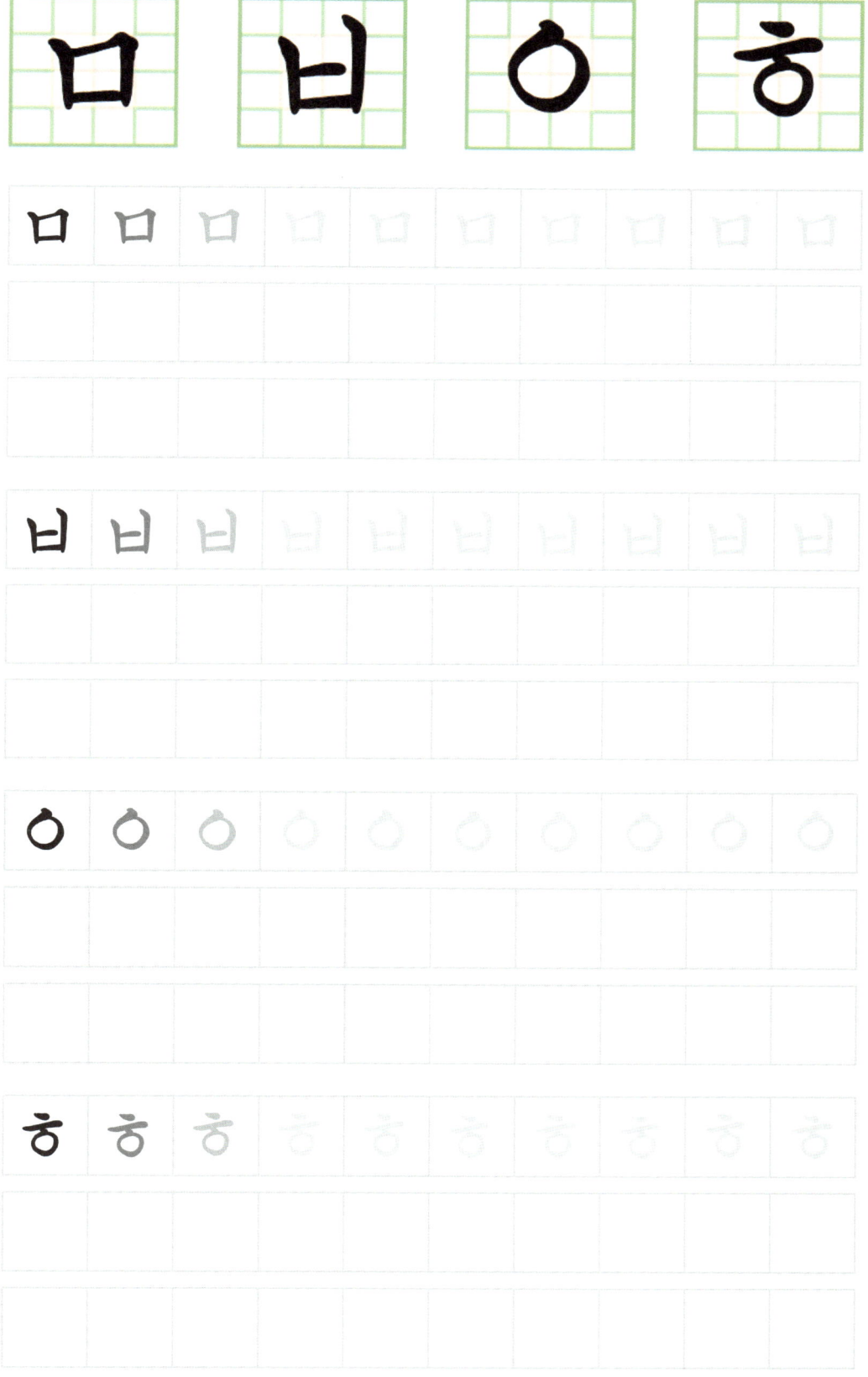

(2) 겹자음 연습

겹자음을 쓸 때는 같은 크기로 쓰거나 앞자음을 살짝 작게 쓰는 것이 좋습니다.
뒷자음이 작아지지 않도록 주의하며 씁니다.

모음 'ㅏ, ㅓ'와 함께 쓸 때   모음 'ㅗ'와 함께 쓸 때   모음 'ㅜ'와 함께 쓸 때

 모음 'ㅏ'와 함께 쓸 때
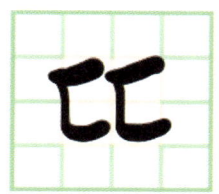 모음 'ㅓ'와 함께 쓸 때
 모음 'ㅗ, ㅜ'와 함께 쓸 때

2부. 기본 글씨 연습

모음 'ㅏ'와 함께 쓸 때　　모음 'ㅓ'와 함께 쓸 때　　모음 'ㅗ, ㅜ'와 함께 쓸 때

모음 'ㅏ'와 함께 쓸 때   모음 'ㅓ'와 함께 쓸 때   모음 'ㅗ, ㅜ'와 함께 쓸 때

(3) 복자음 연습

겹자음과 마찬가지로 같은 크기로 쓰거나 앞자음을 살짝 작게 씁니다.

3. 단어 연습

한글 연습 노트에 겹자음이 들어간 단어가 포함된 속담을 쓰면서 연습해 보겠습니다.

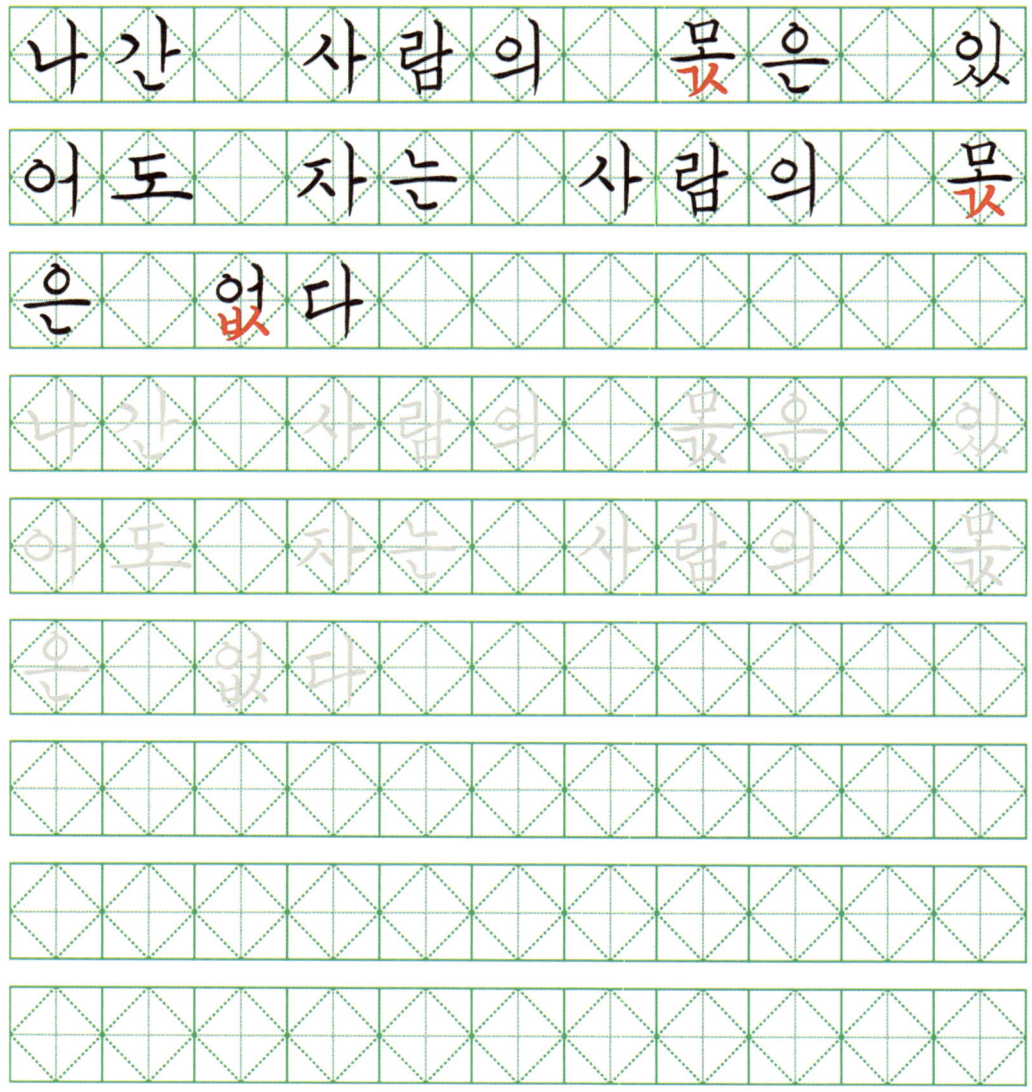

속담의 뜻 : 게으른 사람에게는 혜택이 돌아가지 않는다.

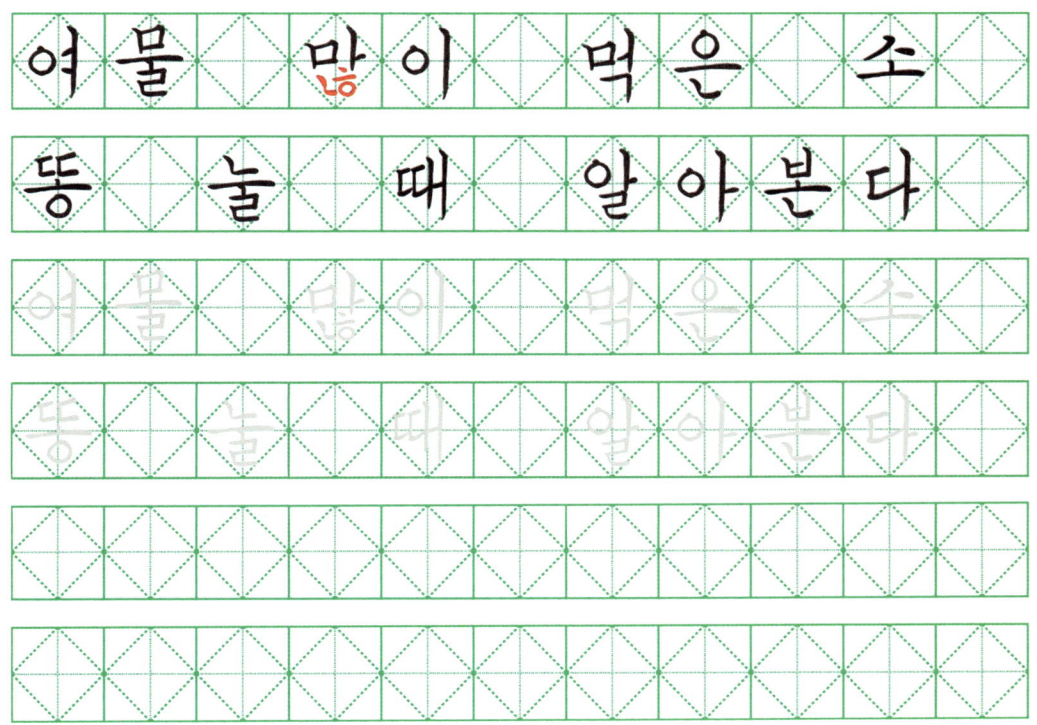

속담의 뜻 : 남 모르게 감쪽같이 한 일이라도 저지른 죄나 자기가 행한 일은 결국 세상에 드러난다.

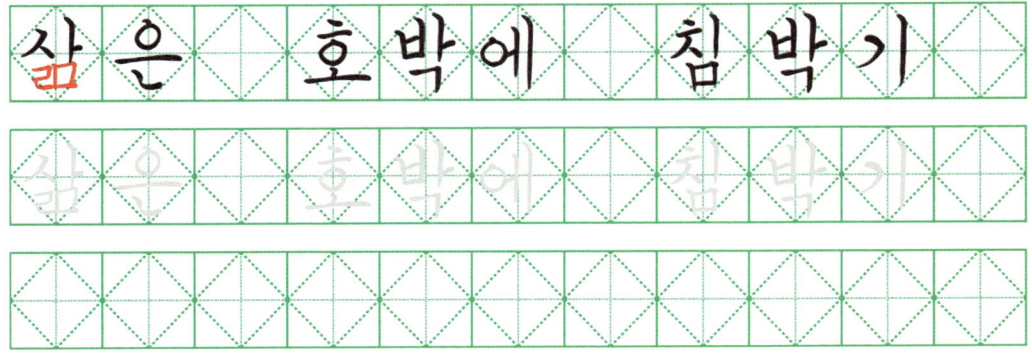

속담의 뜻 : 1. 일이 아주 쉽다. 2. 자극을 주어도 아무 반응이 없다.

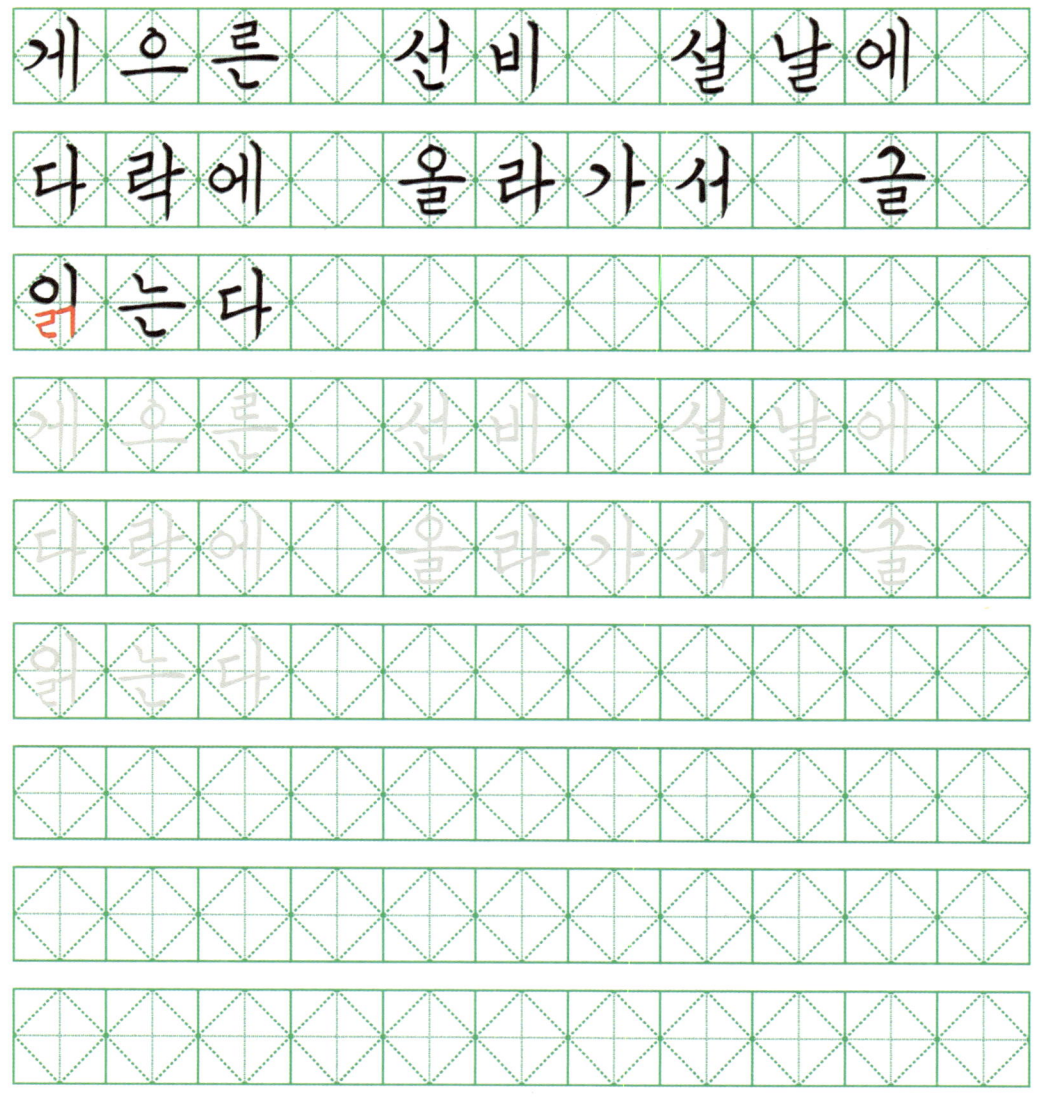

속담의 뜻 : 게으른 사람이 바쁜 상황이 되어서야 부지런한 체한다.

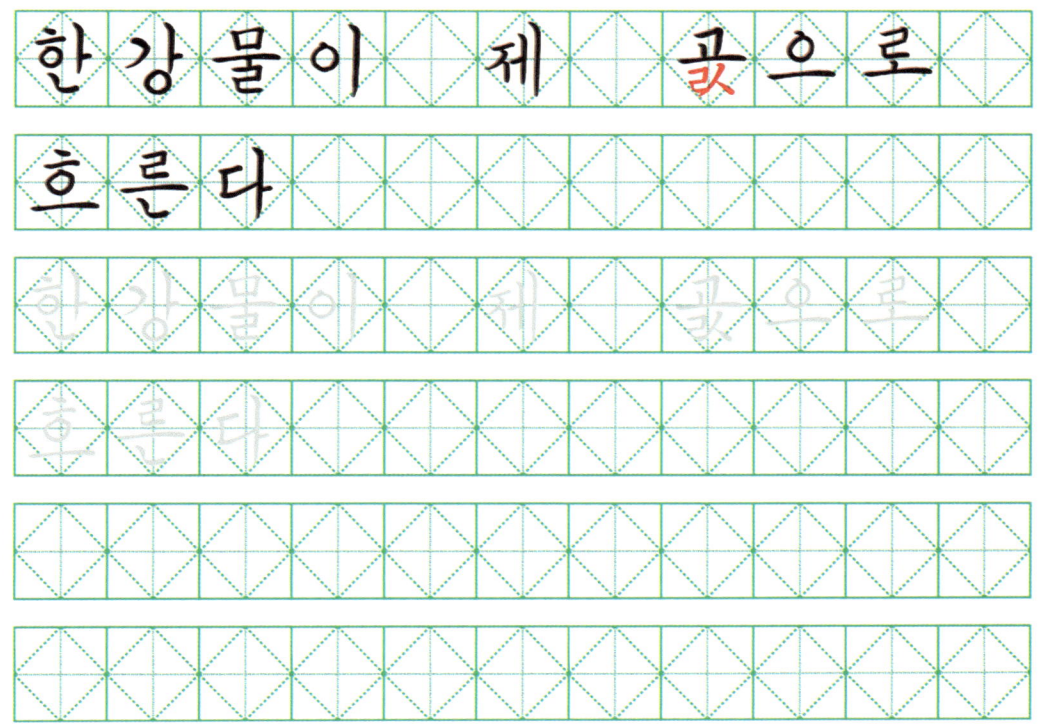

속담의 뜻 : 모든 일은 반드시 순리대로 돌아간다.

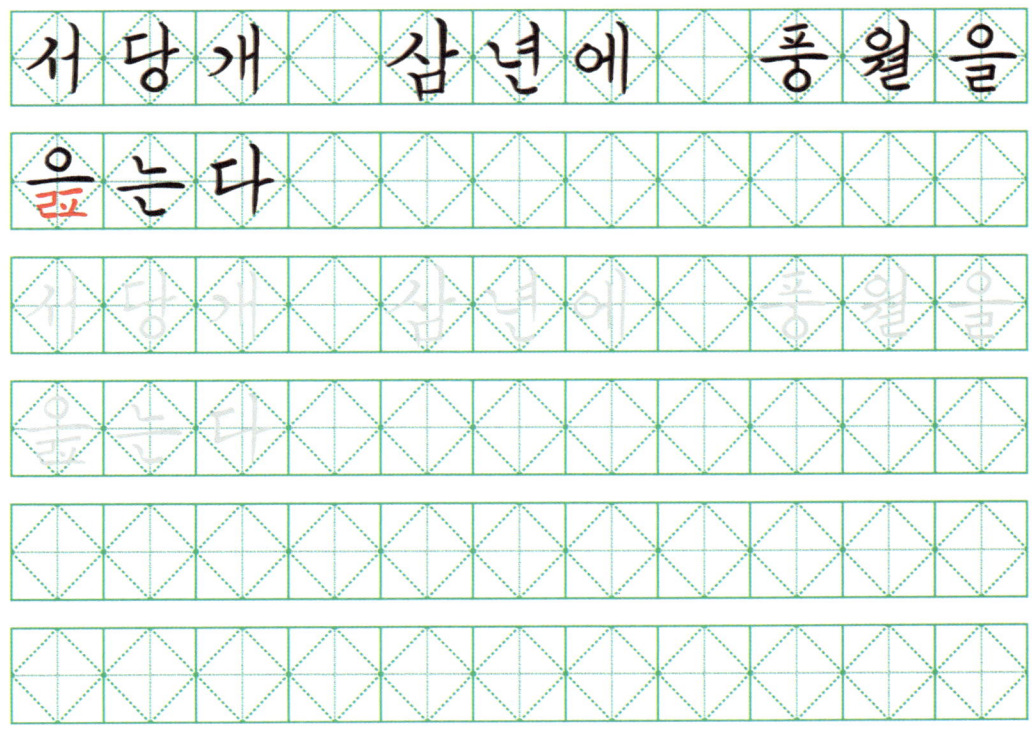

속담의 뜻 : 모든 어떤 분야에 대해 아는 것이 아무것도 없는 사람이라도
그 분야에 오래 있으면 어느 정도 지식과 경험을 갖게 된다.

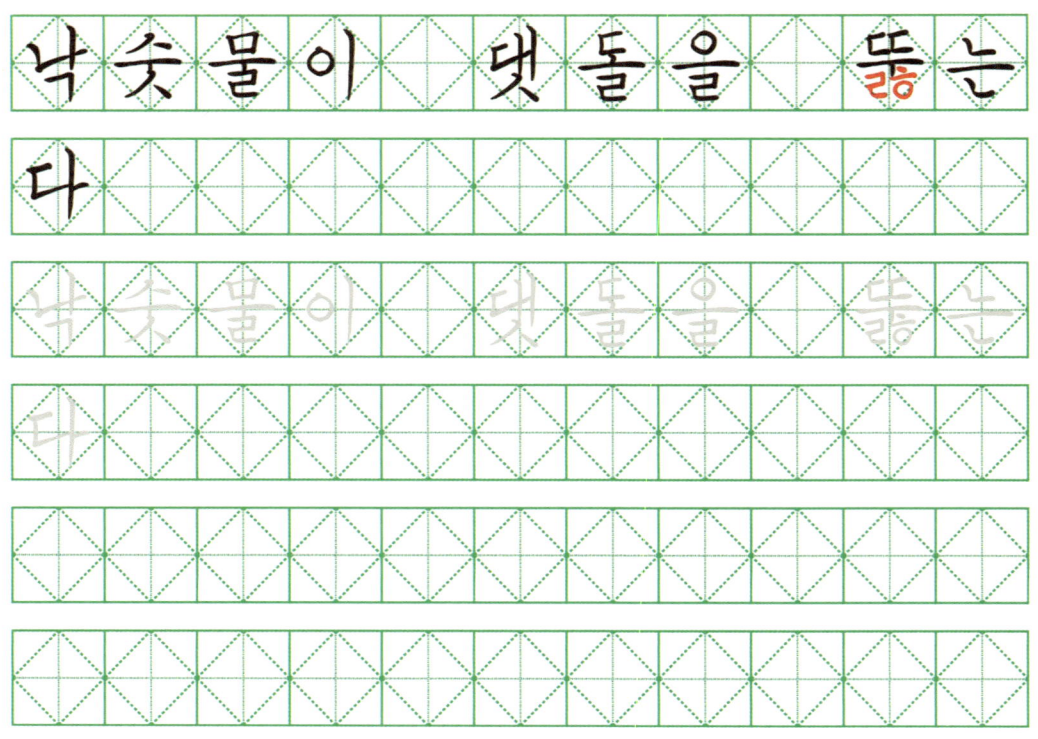

속담의 뜻 : 작은 힘이라도 꾸준히 계속하면 큰일을 이룰 수 있다.

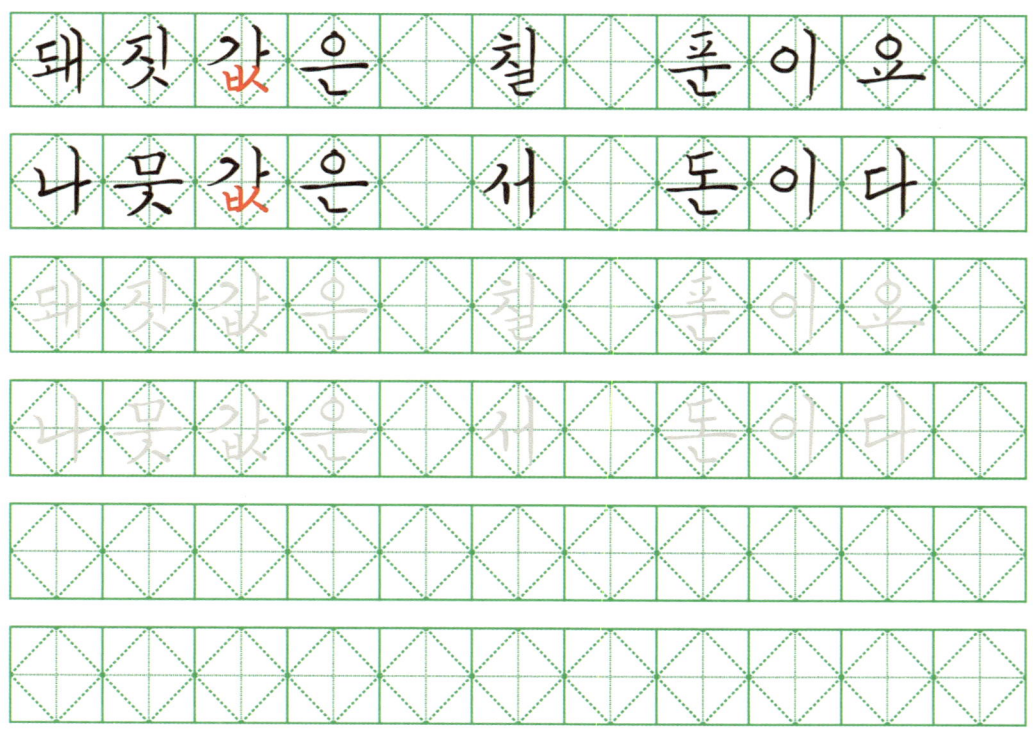

속담의 뜻 : 주로 하는 일보다 그것을 하기 위한 부수적인 것에 오히려 비용이 더 많이 들어간다.

4. 문장 연습

10칸 노트에 문장을 쓰면서 연습해 보겠습니다. 다른 보조선이 없으므로 크기와 간격에 유의하여 연습합니다.

어리석은 사람은 멀리서 행복을 찾는다 슬기로운 사람은 자기 발밑에서 행복을 키운다

당신은 해질 무렵
붉은 석양에 걸려
있는 그리움입니다
빛과 모양 그대로
내가 가장 좋아하는
구름입니다

그대는 나의 전부입
니다 부드러운 입술
을 가진 그대여 그
대의 생명 속에는
나의 꿈이 살아 있
습니다 그대를 향한
변치 않는 꿈이 살아
숨 쉬고 있습니다

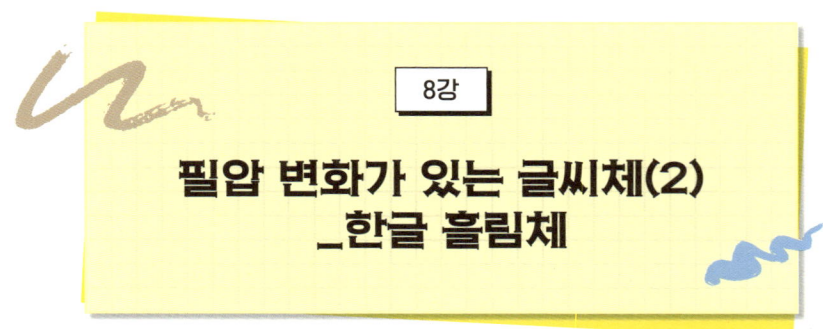

궁체 정자체가 단아하고 정적이라면 궁체 흘림체는 획을 조금 더 줄이거나 이어 쓰는 글씨체로, 속도가 빠르고 동적인 느낌을 줍니다. 공적인 문서는 가독성을 높이기 위해서라도 또박또박 정자체로 쓰는 것이 좋지만, 개인적인 메모를 남기거나 좋아하는 책의 구절들을 필사할 때 흘림체로 쓰면 조금 더 빠르게 쓸 뿐 아니라 글씨 쓰기의 새로운 매력을 느낄 수 있습니다.

1. 모음 획 줄이기와 이어쓰기

모음은 곁줄기나 짧은 기둥을 이어 쓰면서 획을 줄일 수 있습니다.

받침 있는 글자를 쓸 때 사용합니다.

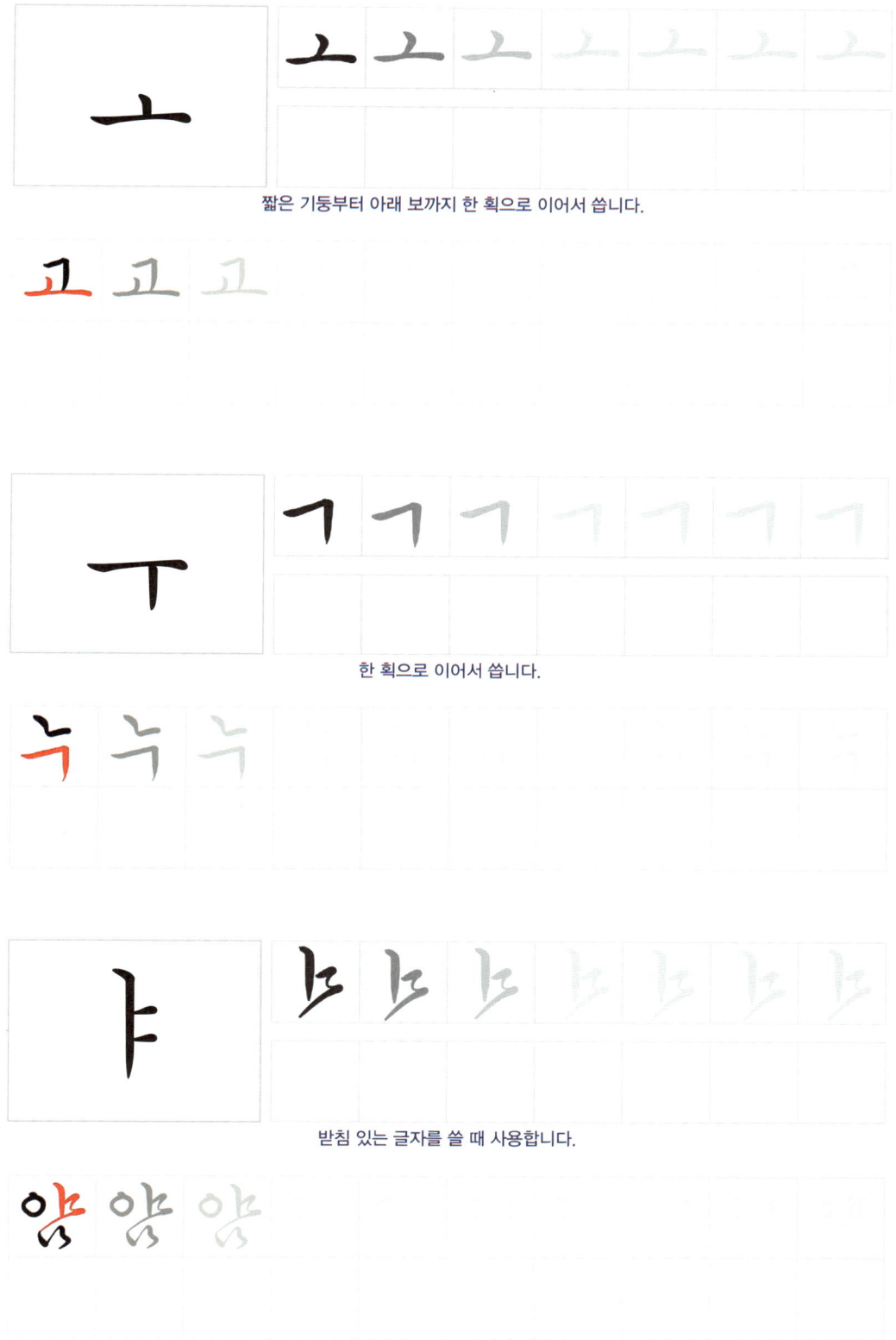

이음보와 짧은 기둥을 한 획으로 이어서 씁니다.

한 획으로 이어서 씁니다.

이음보와 짧은 기둥을 한 획으로 이어서 씁니다.

2. 자음 획 줄이기와 이어쓰기

이번에는 자음 획을 연습해 보겠습니다. 함께 쓰는 모음에 따라 모양을 조금씩 다르게 쓰기도 합니다. 'ㅈ'의 경우 획을 줄이기 위해 '갈래 지읒'으로 쓰지 않고 '꺾임 지읒'으로 씁니다.

'ㅏ' 모음과 함께 쓸 때 사용하며 한 획으로 이어서 씁니다.

'ㅓ' 모음과 함께 쓸 때 사용하며 한 획으로 이어서 씁니다.

'ㅗ, ㅜ' 모음과 함께 쓸 때 사용하며 한 획으로 이어서 씁니다.

'ㅏ' 모음과 함께 쓸 때 사용하며 한 획으로 이어서 씁니다.

'ㅓ' 모음과 함께 쓸 때 사용하며 한 획으로 이어서 씁니다.

'ㅗ, ㅜ' 모음과 함께 쓸 때 사용하며 두 획으로 이어서 씁니다.

받침으로 쓸 때 사용하며 한 획으로 이어서 씁니다.

'ㅗ, ㅜ' 모음과 함께 쓸 때 사용하며 한 획으로 이어서 씁니다.

ㅁ

받침으로 쓸 때 사용하며 한 획으로 이어서 씁니다.

맘 맘 맘

ㅂ

걸치는 가로획과 아래 가로획을 이어서 한 획으로 씁니다.

보 보 보

ㅅ

'ㅓ' 모음과 함께 쓸 때 사용하며 한 획으로 이어서 씁니다.

서 서 서

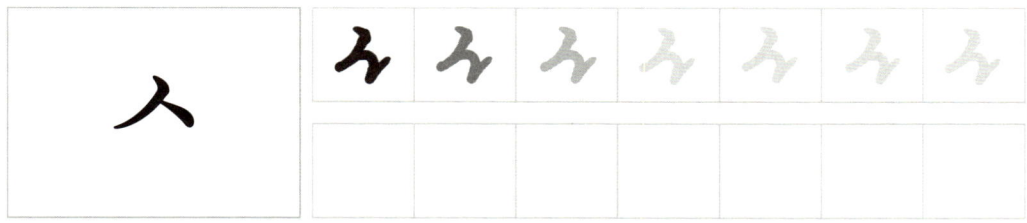

'ㅗ, ㅜ' 모음과 함께 쓸 때 사용하며 한 획으로 이어서 씁니다.

'ㅓ' 모음과 함께 쓸 때 사용하며 한 획으로 이어서 씁니다.

'ㅗ, ㅜ' 모음과 함께 쓸 때 사용하며 한 획으로 이어서 씁니다.

'ㅓ' 모음과 함께 쓸 때 사용하며 한 획으로 이어서 씁니다.

'ㅗ, ㅜ' 모음과 함께 쓸 때 사용하며 한 획으로 이어서 씁니다.

내리점과 빗침을 연결해서 아래 가로획까지 한 획으로 이어서 씁니다.

꼭지점부터 동글이응까지 한 획으로 이어서 씁니다.

3. 문장 쓰기 연습

이번엔 흘림체에 어울리는 세로쓰기로 문장 쓰는 연습을 해보겠습니다.

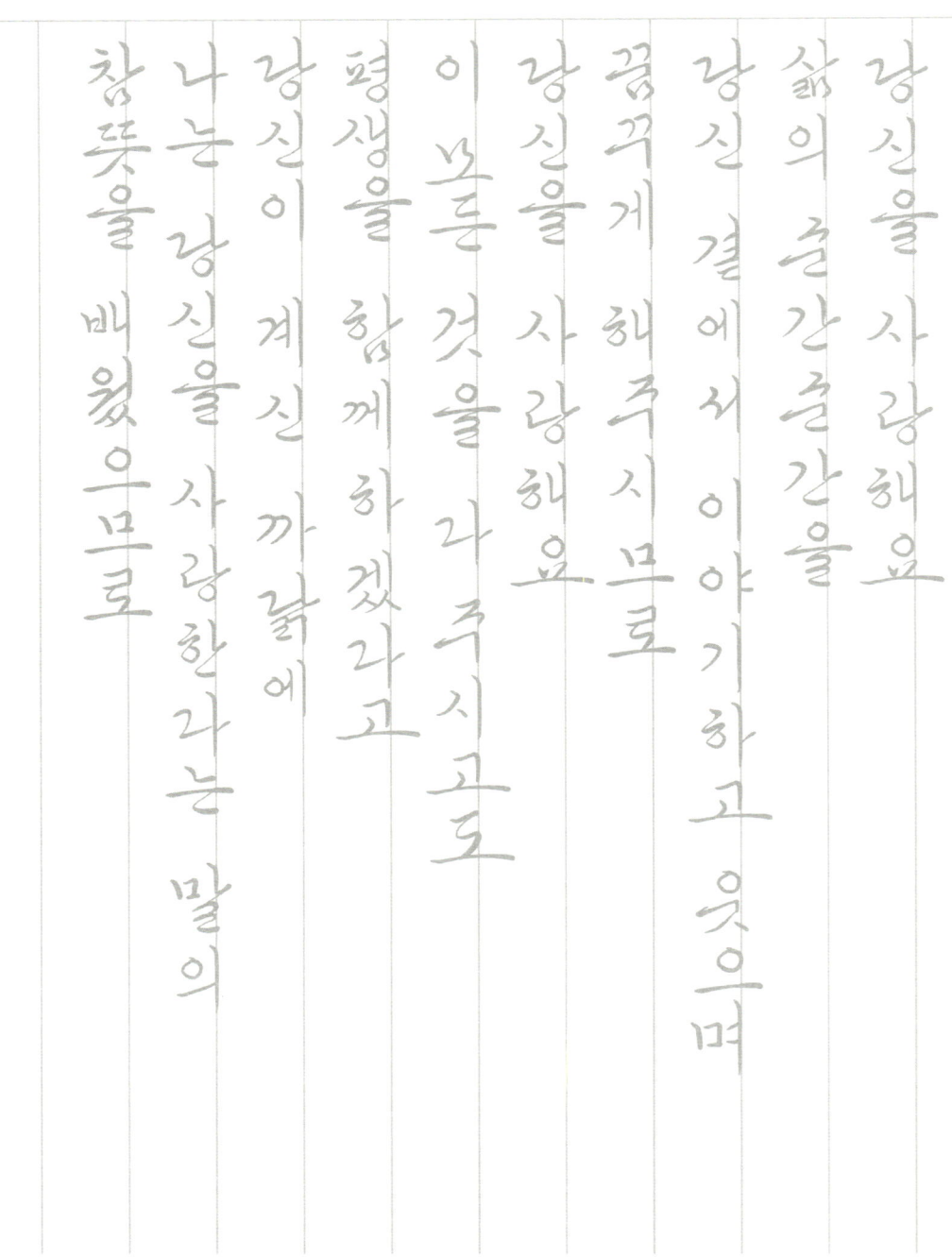

당신을 사랑해요
삶의 순간순간을
당신 곁에서 이야기하고 웃으며
끔찍하게 해주시므로
당신을 사랑해요
이 모든 것을 해주시고
평생을 함께 하겠다고
당신이 계시까닭에
나는 당신을 사랑한다는 말의
참 뜻을 배웠으므로

– 베티의 〈당신을 사랑해요〉 중에서 –

나는 매일 그대가 그립습니다

그대를 사랑하며 그대를 생각하며

날마다

매시간마다

그리고 매순간마다

그대는 저멀리 떨어져 있지만

내 마음 속에 아주 가까이 있고

내 기억 속에서는 내 곁에 앉아 있습니다

그대의 마음을 그 어느 때보다도

더 가까이 있습니다

— 다나 M. 블리스턴의 〈내 마음 속의 그녀〉 중에서 —

3부 응용 글씨 연습

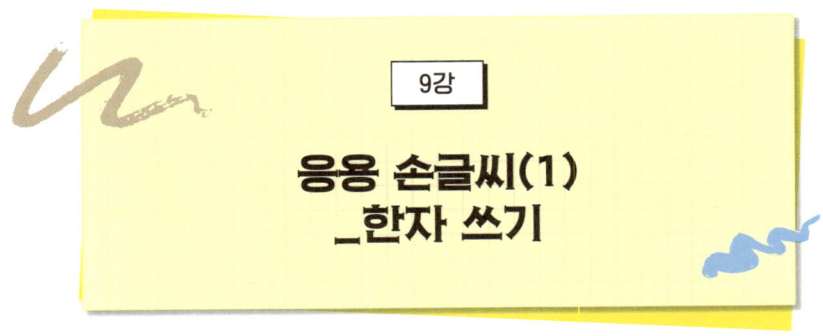

9강
응용 손글씨(1)
_한자 쓰기

'무운을 빕니다'의 '무운'은 운이 없기를 바라는 악담일까? 아니면 덕담일까?

武運　vs　無運

전투에서 승리하길 / 행운이 있기를　　　　　　　　　운이 없다

'심심한 사과의 말씀을 드립니다.'의 '심심한'의 성의가 없다는 뜻일까?

甚深한　vs　심심한

마음의 표현 정도가 매우 깊고 간절한　　　　　하는 일이 없어 지루하고 재미없는

'우리 팀이 3연패 했어'라고 말하면 위로를 해줘야 할까 아니면 칭찬을 해줘야 할까?

連敗　vs　連霸

계속해서 패함　　　　　　　　　계속해서 이김

　이렇게 우리 말에는 한자의 뜻을 알지 못하면 정확한 의미를 이해하지 못하는 경우가 있습니다. 따라서 일상생활에서 자주 쓰는 한자의 뜻을 구별하여 읽고 쓸 수 있도록 연습할 필요가 있다고 생각합니다.

최근에는 한자 대신에 조금 더 따뜻한 마음이 느껴지는 다양한 한글 표현도 늘고 있기는 하지만 결혼이나 장례 같은 경조사의 경우에는 아직도 한자를 사용한 표현이 많습니다.

祝 結婚   祝 華婚

결혼 축하 문구

賻儀   弔意

장례 위로 문구

인쇄된 봉투를 손쉽게 구매할 수도 있지만, 정성스럽게 직접 손으로 글씨를 써서 마음을 전한다면 더욱 의미가 깊을 것입니다.
이번 시간에는 한자를 예쁘고 멋있게 쓰는 법을 연습해 보겠습니다.

1. 한자 기본 획

한자의 획은 한글과 모양이 같은 획들도 있지만, 한글에서는 사용되지 않는 전혀 다른 획도 있습니다. 한자에서 자주 사용되는 획들을 먼저 연습해 보겠습니다.

永
小
小
心
下
川
丁
民
皮

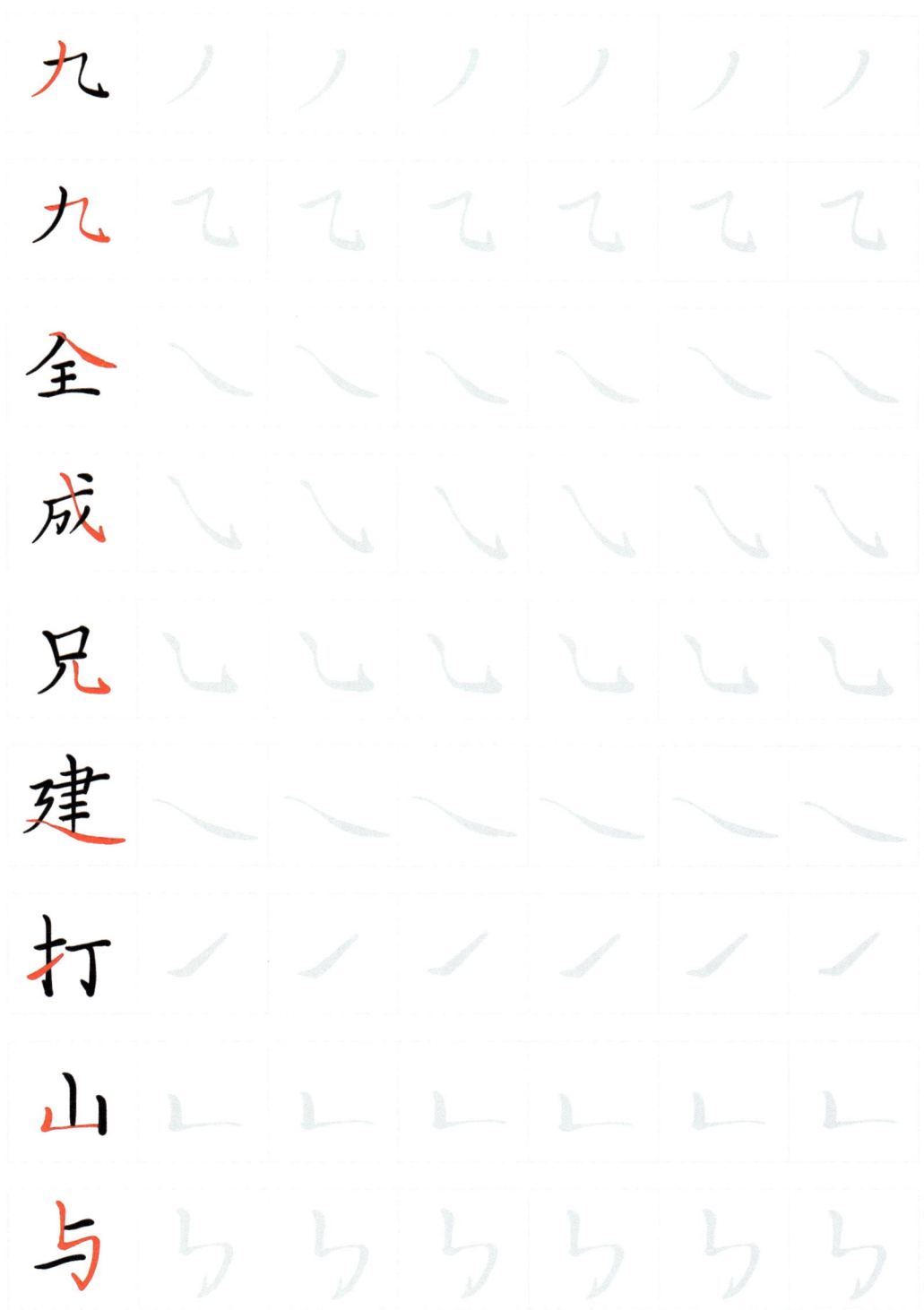

한 번 더 연습해 보겠습니다.

3부. 응용 글씨 연습

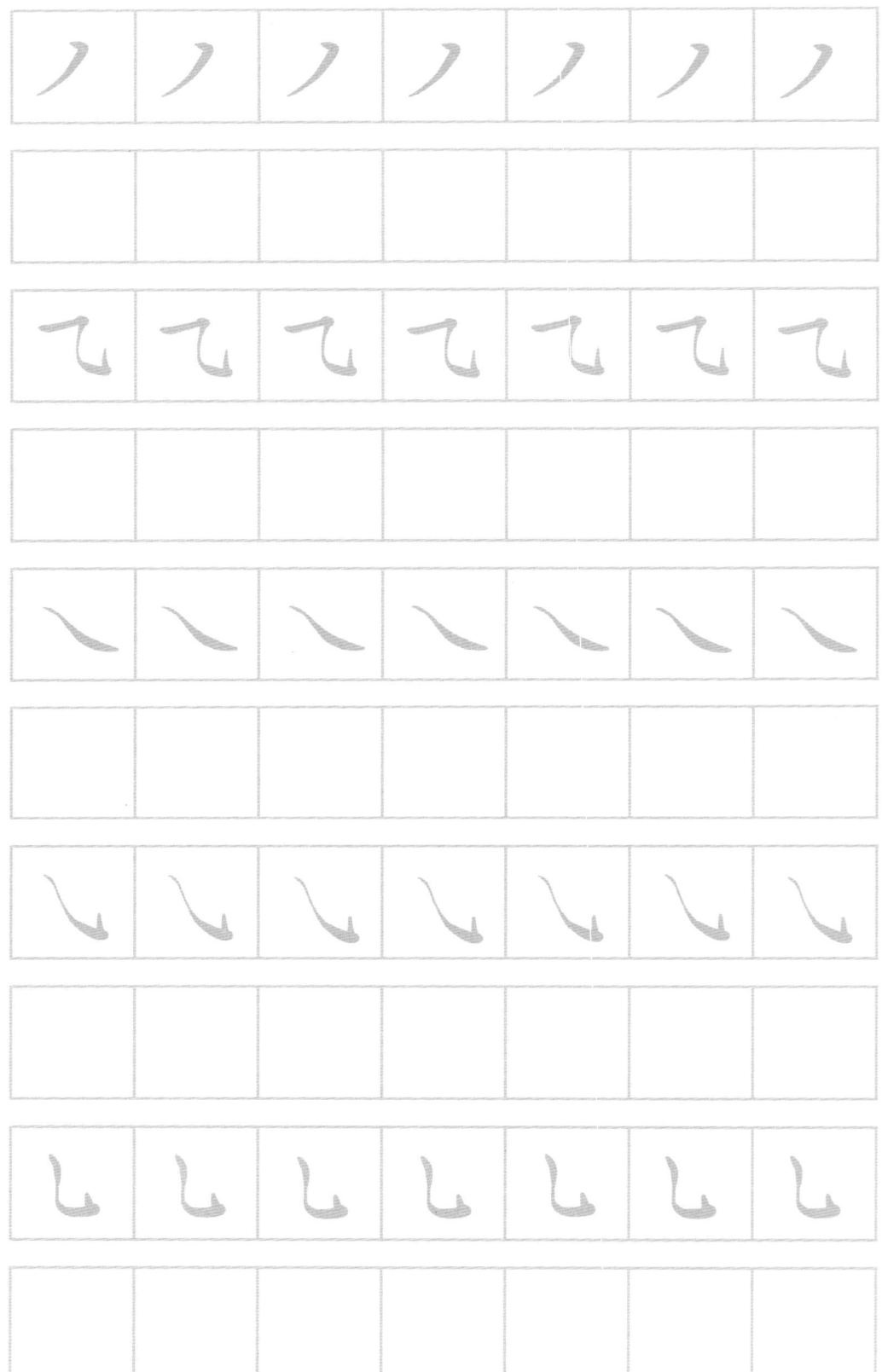

2. 한자 부수

이제 한자 획에 익숙해졌다면 한자 부수에 대해 알아보겠습니다. 한자 부수는 위치에 따라 아래와 같이 나눌 수 있습니다. 나중에 획순이나 결구를 연습할 때 도움이 되도록 미리 익혀 두는 것이 좋습니다.

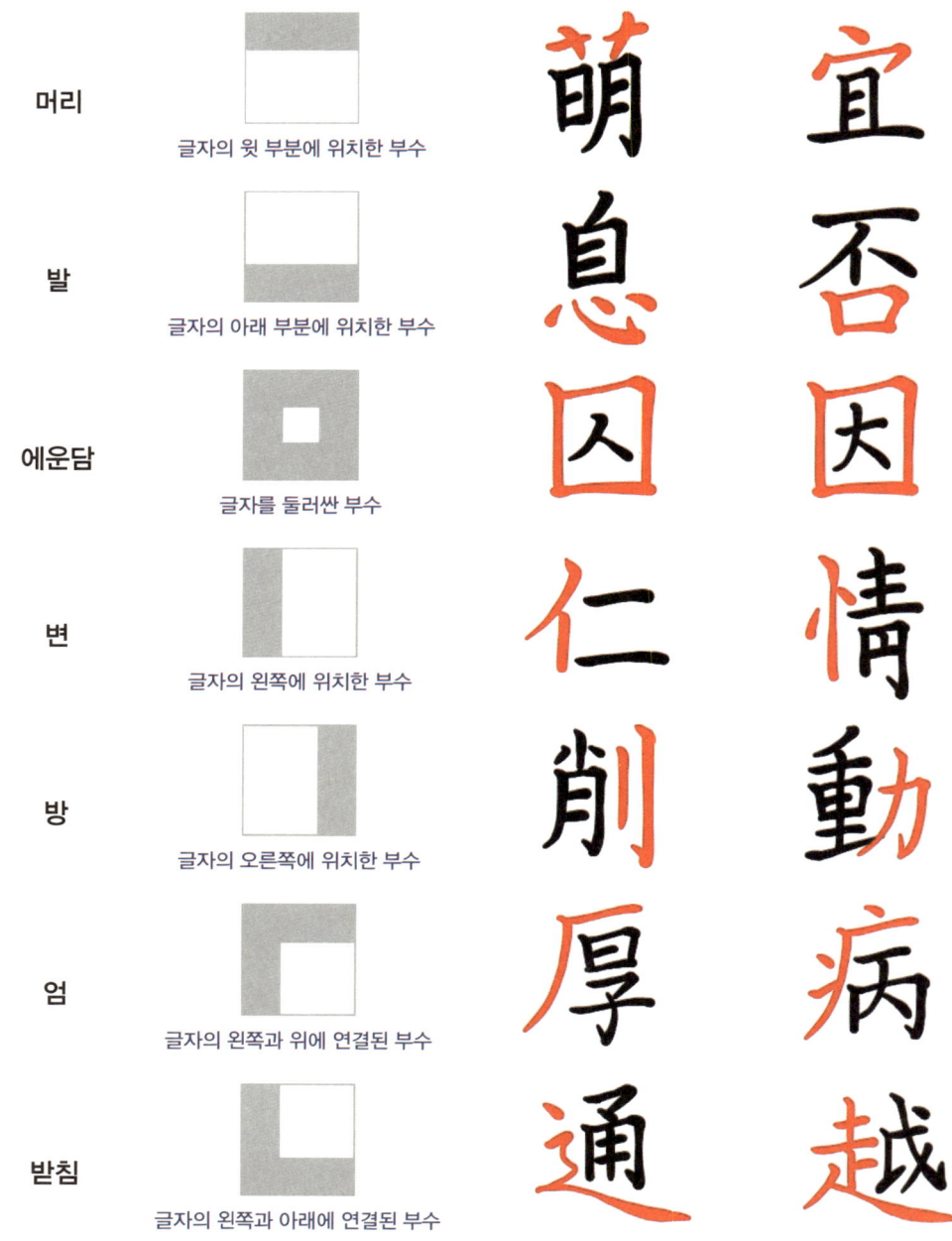

머리 - 글자의 윗 부분에 위치한 부수

발 - 글자의 아래 부분에 위치한 부수

에운담 - 글자를 둘러싼 부수

변 - 글자의 왼쪽에 위치한 부수

방 - 글자의 오른쪽에 위치한 부수

엄 - 글자의 왼쪽과 위에 연결된 부수

받침 - 글자의 왼쪽과 아래에 연결된 부수

3. 한자 획순

한자를 쓸 때 획의 순서를 반드시 지켜서 써야 하는 것은 아니지만 순서대로 쓰면 균형을 유지하거나 다음 획을 이어 쓰는 것이 자연스러워집니다.

(1) 왼쪽에서 오른쪽으로

(2) 위에서 아래로

(3) 교차하는 획은 가로획 먼저

(4) 에운담과 안으로 된 글자는 에운담을 먼저

(5) 삐침을 먼저

(6) 뒤에서 아래로 에워싼 획은 먼저

(7) 좌우 대칭일 때는 가운데 획 먼저

(8) 먼저 쓰는 받침

(9) 나중에 쓰는 받침

(10) 가운데 내리긋기는 나중에

(11) 허리를 끊는 가로획도 나중에

(12) 오른점은 나중에

한번 더 연습해 보겠습니다.

言 言 言 言 言 言 言

好 好 好 好 好 好 好

士 士 士 士 士 士 士

囚 囚 囚 囚 囚 囚 囚

八 八 八 八 八 八 八

刀 刀 刀 刀 刀 刀 刀

水 水 水 水 水 水 水

勉 勉 勉 勉 勉 勉 勉

建 建 建 建 建 建 建

事 事 事 事 事 事 事

女 女 女 女 女 女 女

犬 犬 犬 犬 犬 犬 犬

4. 한자의 결구

한자는 한글과 마찬가지로 여러 획들을 가로와 세로로 모아쓰기 때문에 균형 있는 배열이 필요합니다. 한자를 모아 쓰는 방법과 주의할 점을 알아보겠습니다.

(1) 세로획의 경우 내리긋는 획과 갈고리 획을 구별해서 씁니다.

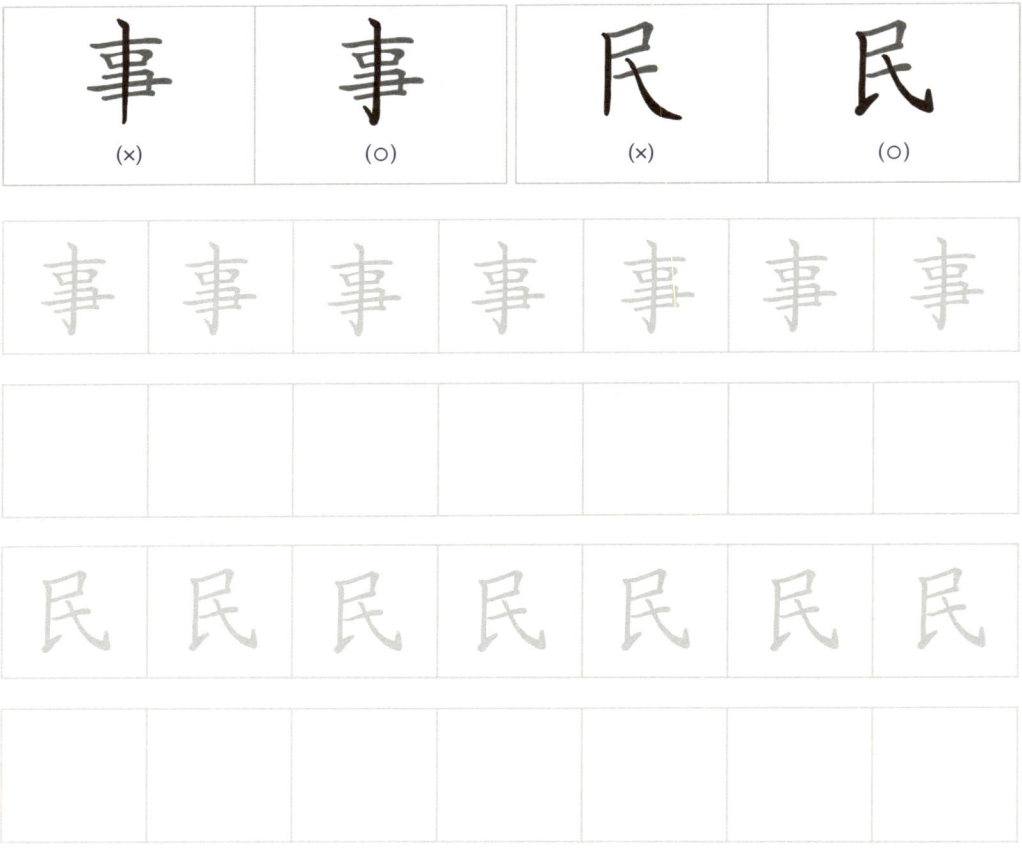

(2) 점과 삐침을 구별해서 씁니다.

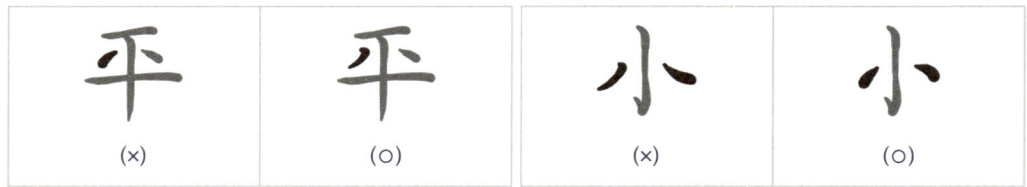

平	平	平	平	平	平	平
小	小	小	小	小	小	小

(3) 삐침과 파임획의 굵기 변화를 올바르게 씁니다.

木 (×)	木 (○)	全 (×)	全 (○)

木	木	木	木	木	木	木
全	全	全	全	全	全	全

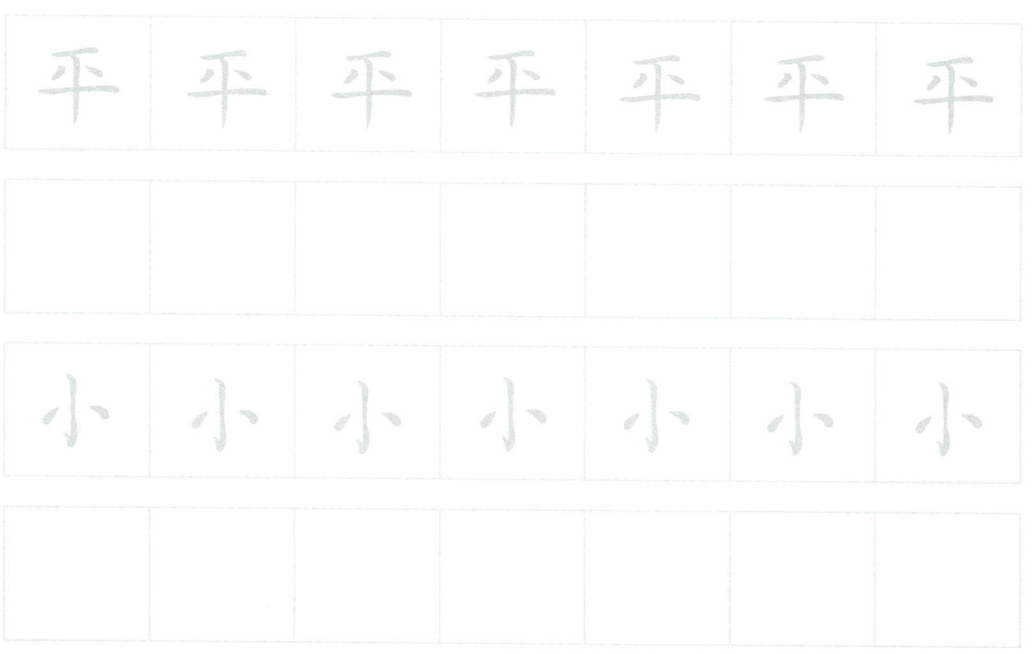

(4) 글자에 어울리는 도형을 생각하여 균형을 맞추어 씁니다.

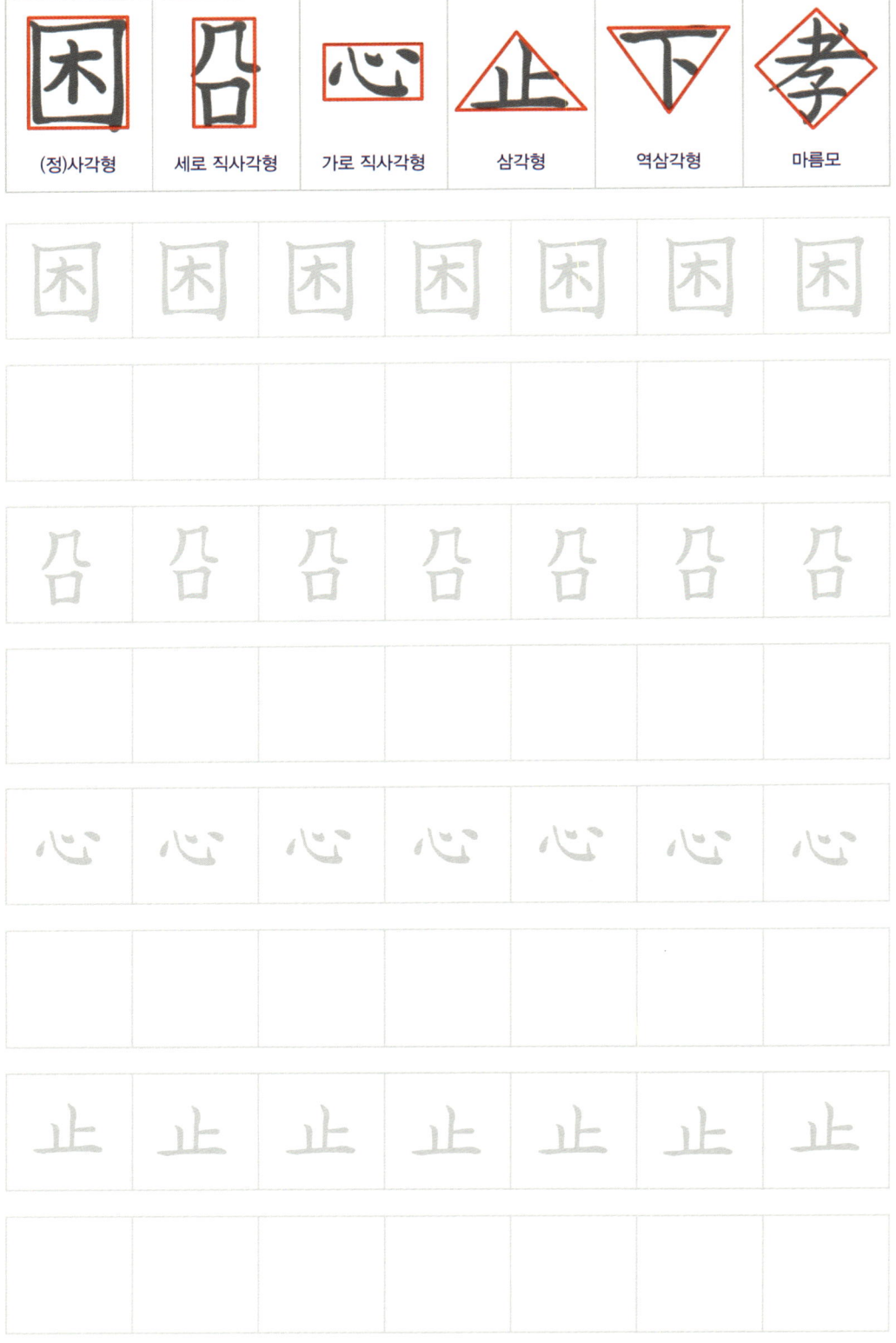

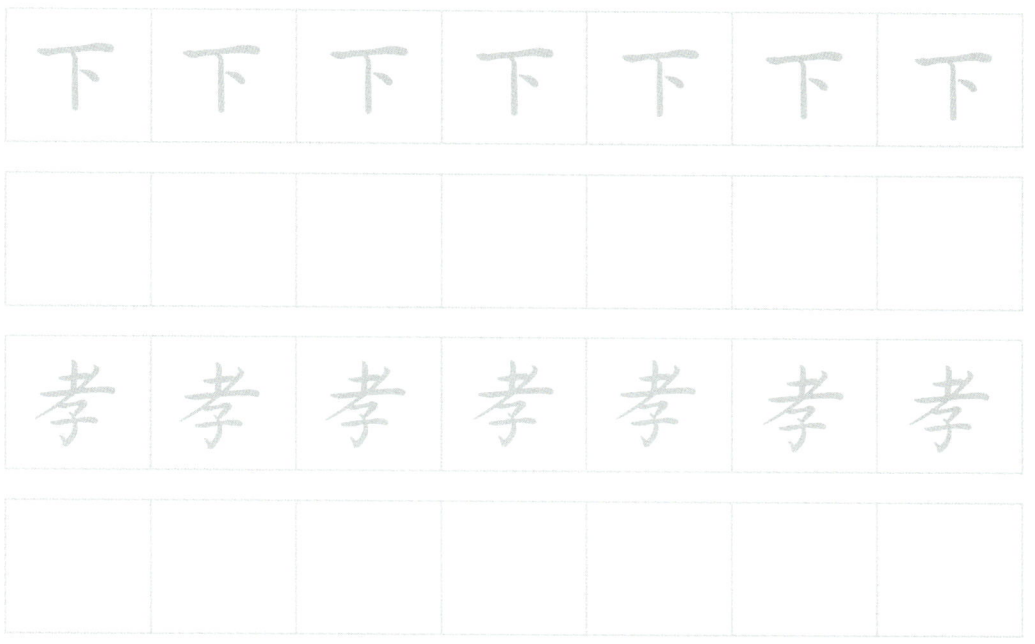

(5) 같은 획이 반복되는 경우 간격을 일정하게 씁니다.

(6) 변과 방의 비율을 조절하여 씁니다.

① 변과 방의 크기가 같은 경우

② 변을 작게 쓰는 경우

③ 방을 작게 쓰는 경우

(7) 머리와 발의 비율을 조절하여 씁니다.
① 머리와 발의 크기가 같은 경우

愁 愁 愁 愁 愁 愁 愁

② 머리를 작게 쓰는 경우

崩 崩 崩 崩 崩 崩 崩

③ 발을 작게 쓰는 경우

盟 盟 盟 盟 盟 盟 盟

4. 단어와 문장 연습

중국어나 일본어를 공부할 때 많이 사용하는 미자미공지 양식을 사용하여 한자 단어 연습을 해보겠습니다. 미자미공지(米字美工紙)는 사각형 안에 쌀미(米)자 모양의 보조선이 있어서 왼점이나 오른점 또는 삐침과 파임의 위치를 잡는데 도움이 되는 노트입니다.

노트를 따로 구매하거나 워드나 엑셀로 자신이 연습하기에 적당한 크기와 형태로 만들어 쓸 수 있습니다. 사자성어와 속담을 한자로 연습해 보겠습니다.

단기지교: 학업을 중도에 그만두는 것은 짜던 베를 끊는 것과 같다.

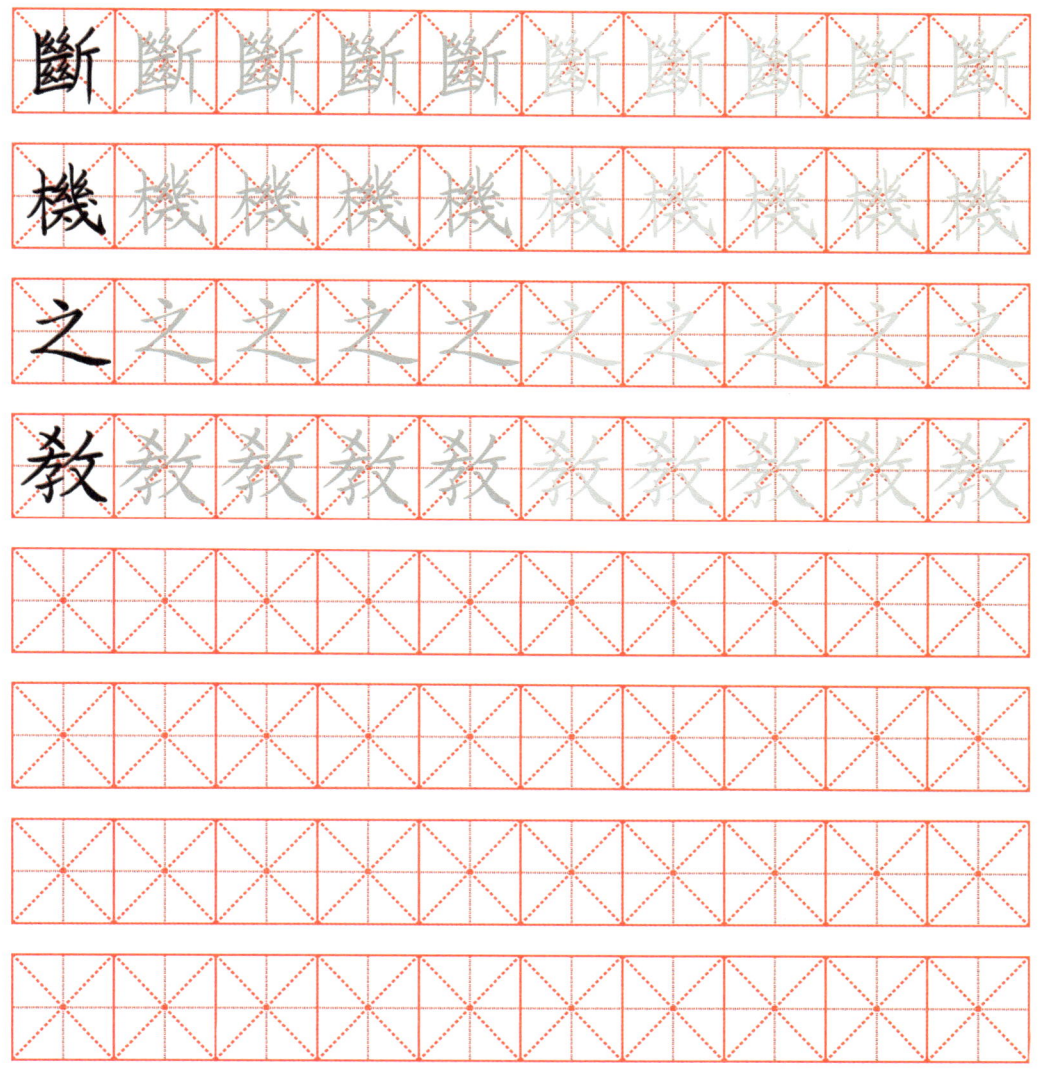

위편삼절: 가죽으로 맨 책 끈이 세 번이나 닳아 끊어질 만큼 책을 많이 읽는다.

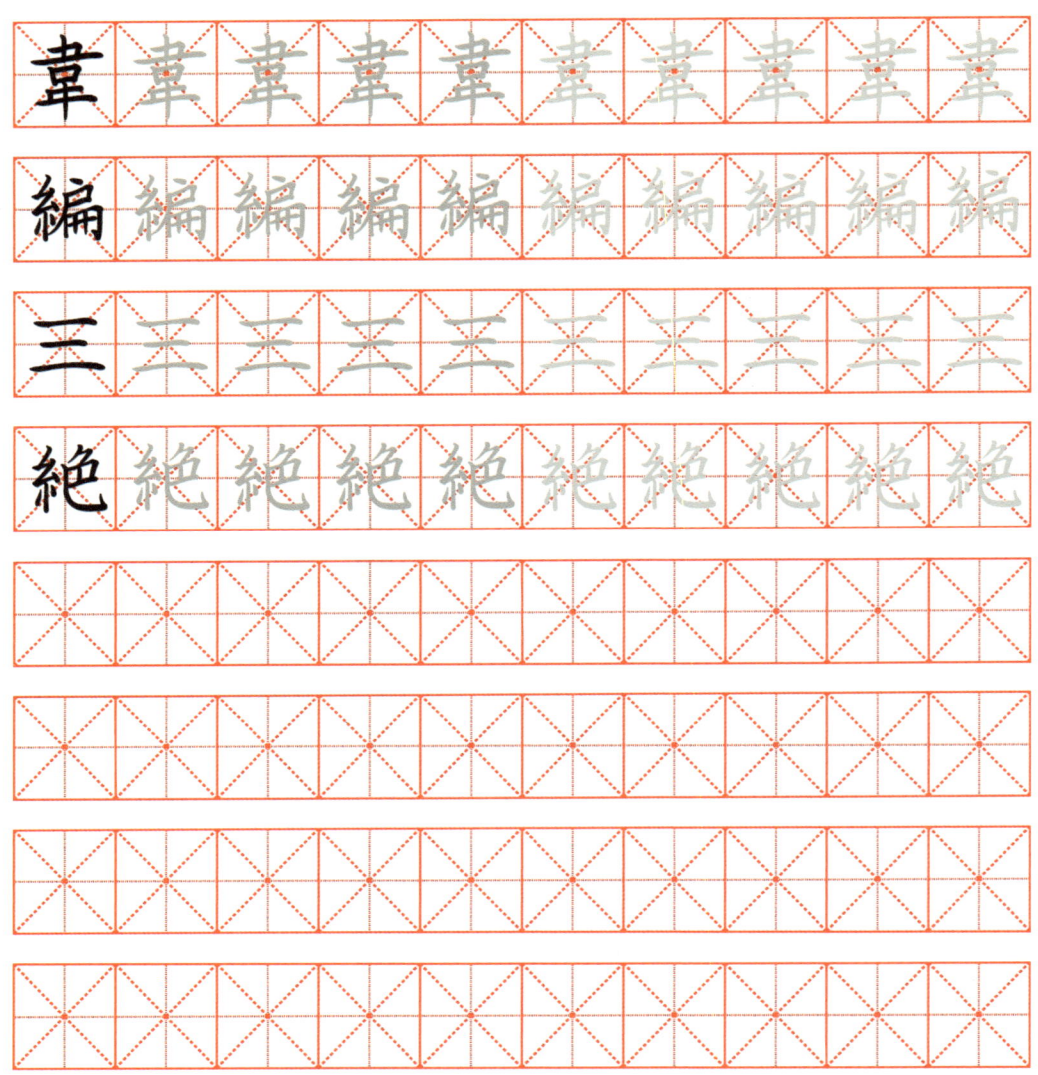

유능제강: 부드러운 것이 강한 것을 제압한다.

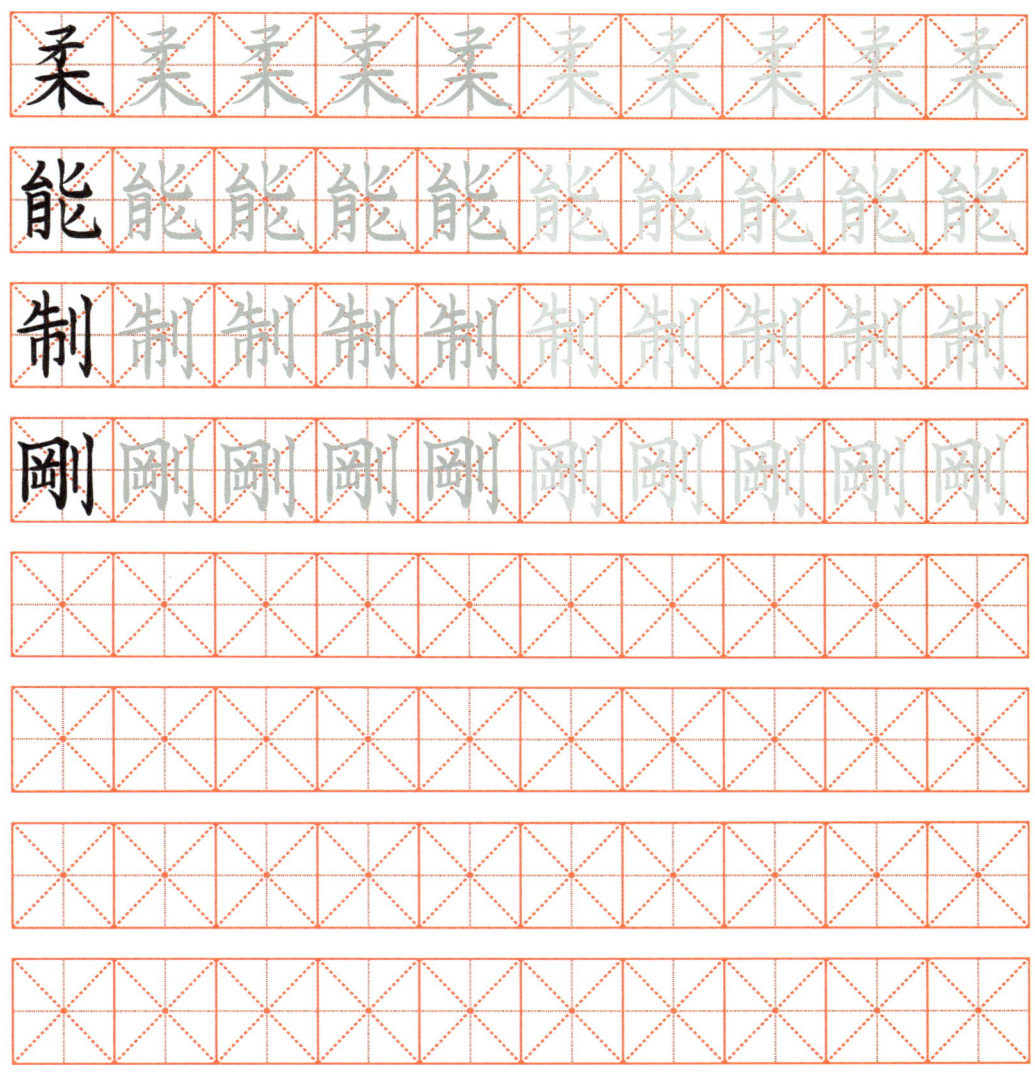

독서백편의자현: 글을 백 번만 읽으면 뜻을 알게 된다.

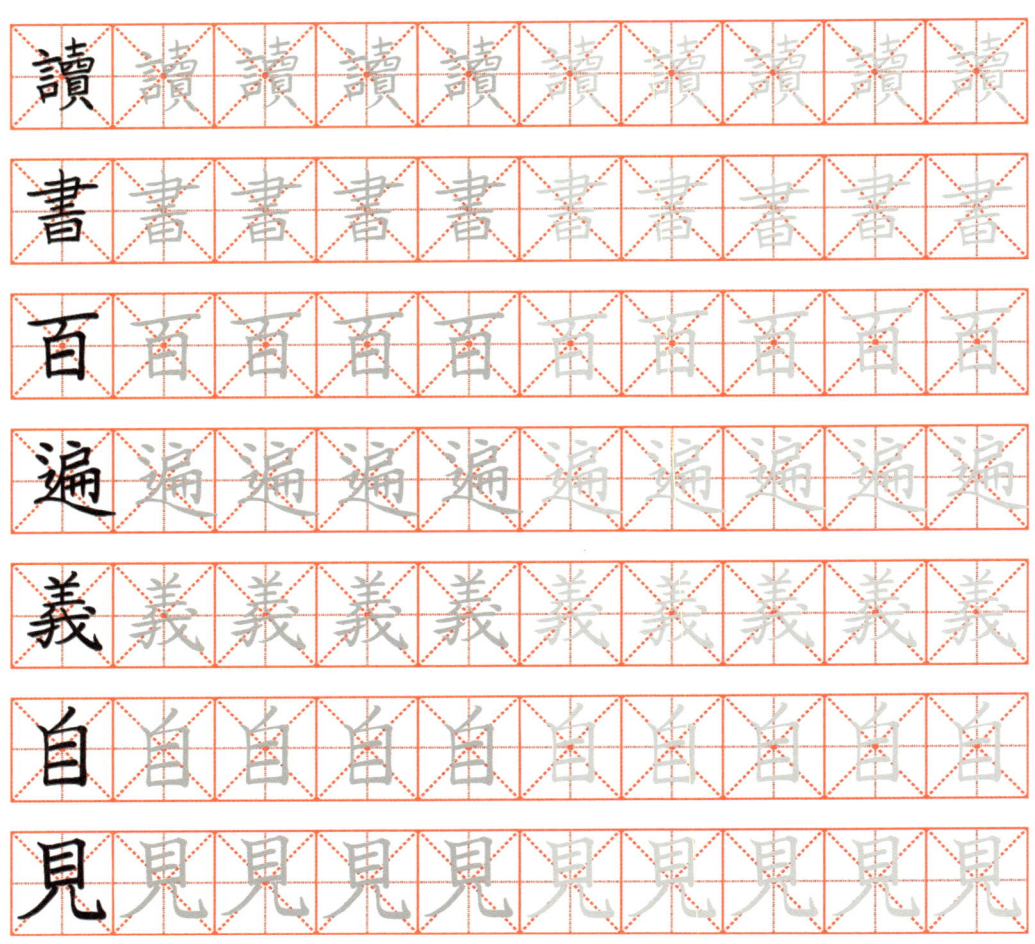

유음덕자 필유양보: 남몰래 덕을 베푸는 사람은 반드시 좋은 보답이 따른다.

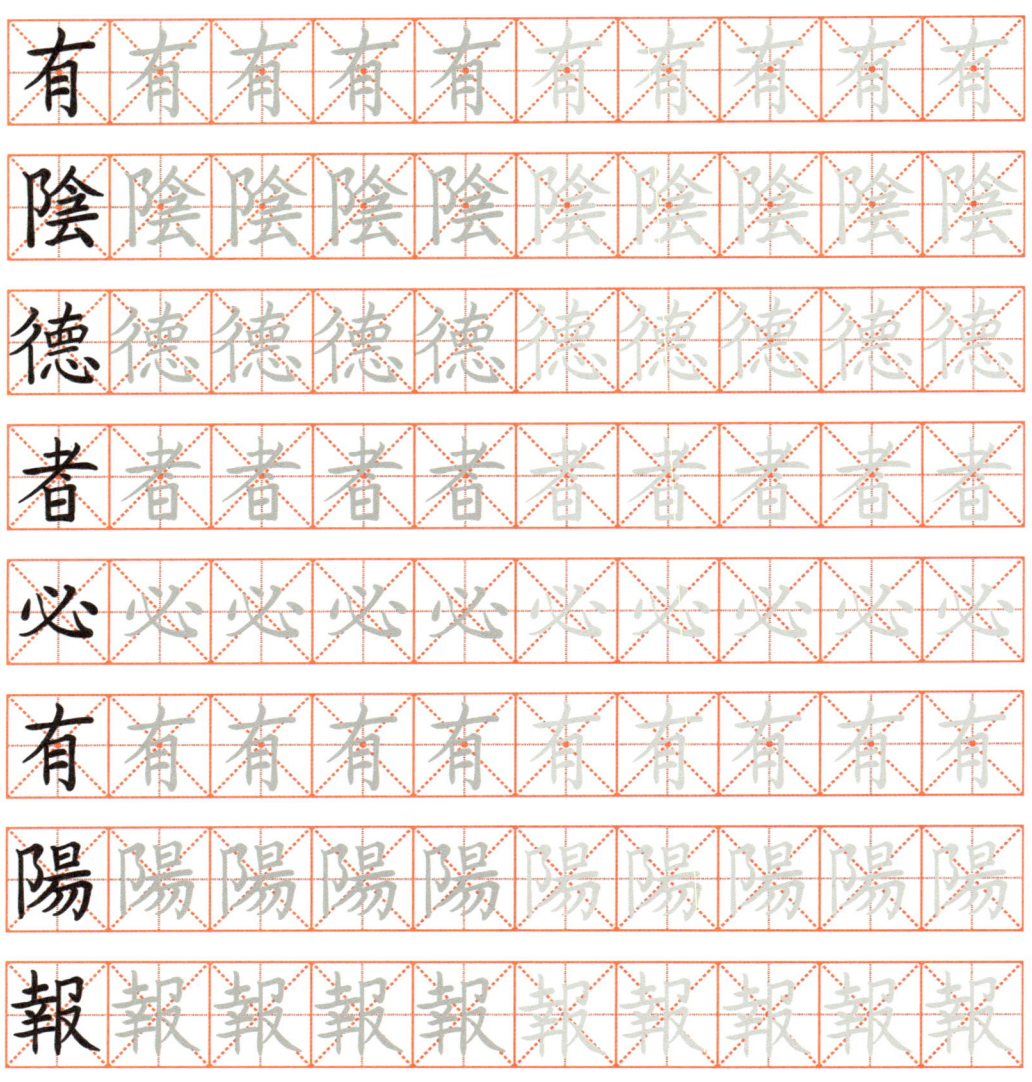

욕속부달 욕교반졸: 너무 서두르면 일이 성사되기 어렵고, 너무 잘하려고 하면 오히려 망치게 된다.

자신이 좋아하는 사자성어나 속담을 선택해서 연습해 봅니다. 윗 칸에는 한자로 쓰고 아랫 칸에는 앞에서 연습한 한글 궁서체로 쓰면서 한자와 한글을 같이 연습합니다.

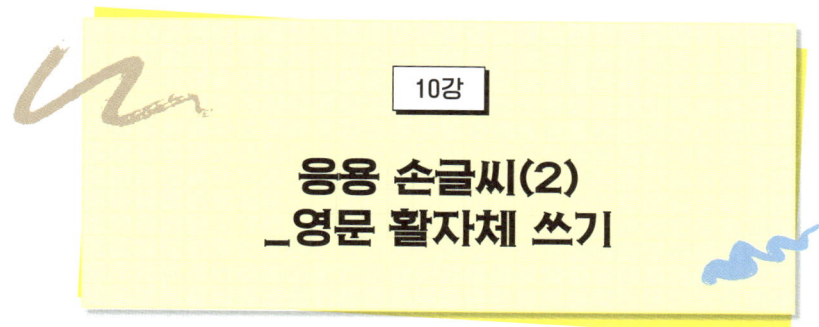

이번 시간에는 한글과 함께 일상에서 자주 사용하게 되는 영문 인쇄체 대문자와 소문자를 깔끔하게 쓰는 연습을 해보겠습니다.

먼저 영문 대문자입니다.
영문 서체 중에 글자를 이루는 획의 일부 끝부분에 돌출된 선(serif)이 있는 글자체를 세리프체(serif)라고 하고, 이러한 돌출선이 없는 서체를 산세리프체(Sans-serif)라고 합니다.

세리프체

산세리프체

석공들이 돌에 글자를 새길 때 줄을 맞추거나 가독성을 높이기 위해 세리프가 시작되었다고 하지만, 납작한 붓으로 글씨를 쓸 때 붓끝을 가지런히 모으기 위해 시작되었다는 주장도 있습니다.

역사가 오래된 문자인 만큼 로마체, 언셜체, 고딕체, 이탤릭체 등 다양한 서체들이 있고 손글씨로 사랑받는 카퍼플레이트 스크립트체도 있지만 지나치게 장식이 많아서 실용적으로 쓸 수 있는 단순한 산세리프체로 연습해보겠습니다.

크로스바(Cross-bar)를 중심보다 조금 낮게 위치해서 카운터(Counter)* 공간을 충분하게 만듭니다.

* 카운터(Counter) : 획에 둘러 쌓여 막혀 있거나 두 세로획 사이에 갇혀 있는 공간

B B B

위의 카운터를 아래 카운터보다 조금 작게 씁니다.

C C C

D D D

E E E

크로스바(Cross-bar)는 전체 가로획의 가운데 오도록 씁니다.

F F F

크로스바(Cross-bar)는 전체 가로획의 가운데 오도록 씁니다.

G G G

H H H

크로스바(Cross-bar)는 전체 가로획의 가운데 오도록 씁니다.

I I I

J J J

K K K

윗 가로획은 세로획의 중간 아래에서 만나도록 씁니다.

L L L

M M M

N N N

O O O

P P P

Q Q Q

꼬리를 오른쪽 아래에 비스듬히 씁니다.

R R R

S S S

가상의 8자를 생각하면서 획을 곡선으로 부드럽게 이어갑니다.

T T T

U U U

V V V

W W W

X X X

Y Y Y

Z Z Z

이번에는 단어 쓰기로 대문자 연습을 해보겠습니다.

ALPHABET

CAPITAL

KOREA

SEOUL

JUMBO

QUIZ

XYLOPHONE

이번엔 대문자 문장 쓰기를 연습해보겠습니다.

YOU CAN MAKE MORE
FRIENDS WITH EARS
THAN YOUR MOUTH

YOU CAN MAKE MORE
FRIENDS WITH EARS
THAN YOUR MOUTH

YOU CAN MAKE MORE
FRIENDS WITH EARS
THAN YOUR MOUTH

다음에는 영문 소문자입니다.
영문을 쓸 때 주의할 점은 한글을 쓸 때와 마찬가지로 통일감이 있어야 합니다.
영문의 경우에는 특히 카운터와 기울기에 주의해서 써야합니다.
카운터란 둥그랗게 둘러싸여 있거나 두 세로획 안에 있는 공간을 말합니다.

이 모양을 일정하게 쓰는 것이 글씨 전체가 깔끔하게 보이는데 중요한 역할을 합니다.

카운터의 크기와 기울기에 유의하며 씁니다.

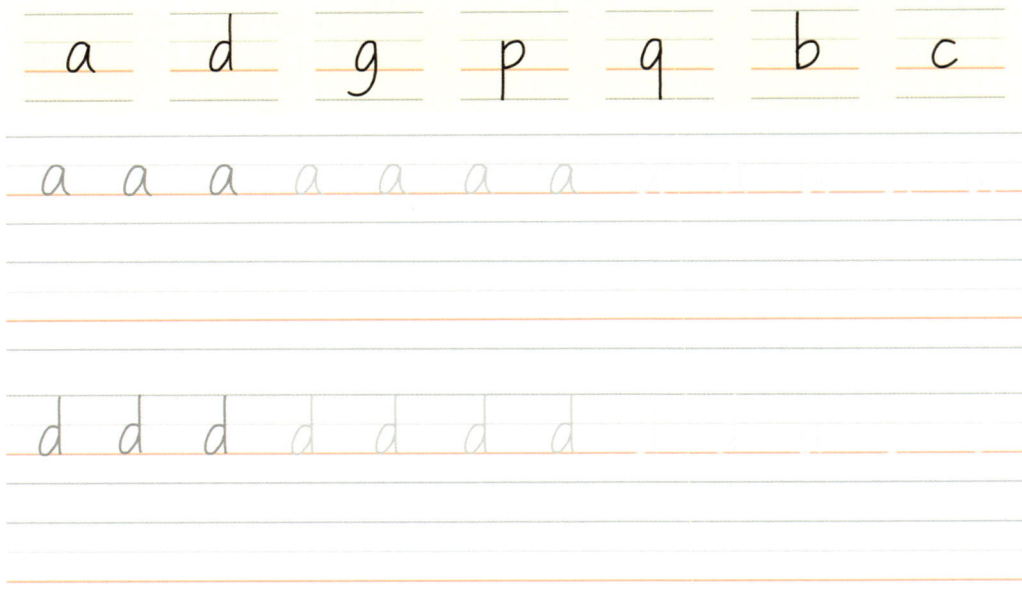

m m m m m m m

n n n n n n

o o o o o o o

r r r r r r r

s s s s s s

t u v w x y z

t t t t t t t

u u u u u u u

v v v v v v v

w w w w w w w

x x x x x x x

y y y y y y y

z z z z z z z

이제 연습한 글씨체로 단어를 써보겠습니다.

enchanting

zephyr

fighter

trumpet

cherised

hand writing

calligraphy

이번엔 팬그램으로 문장 연습을 해보겠습니다. 팬그램(pangram)이란 한 언어를 구성하는 모든 문자를 한 번 이상 빠짐없이 사용한 문장을 말합니다.

the quick brown fox jumps
over the lazy dog

t   q   b   f   j
o   t   l   d

이번에는 세리프가 있는 소문자를 연습해보겠습니다.

영어 대문자와 소문자는 다음과 같은 안내선에 따라 쓸 수 있습니다.

base line부터 waist line까지의 공간을 x-height라고 하며 소문자를 쓰는 기준이 되는 높이가 됩니다.

하지만 오늘은 일상에서 쉽게 구할 수 있는 방안 노트를 사용하여 연습해보겠습니다.

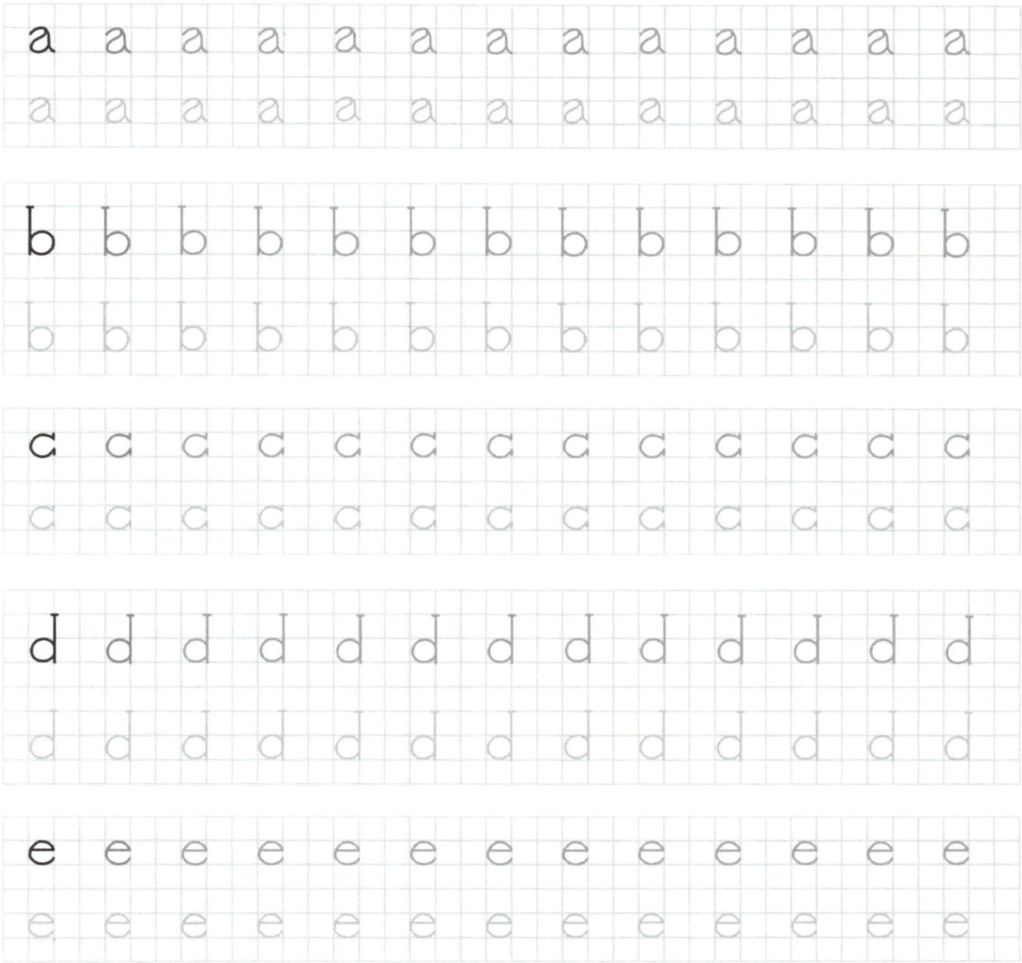

3부. 응용 글씨 연습

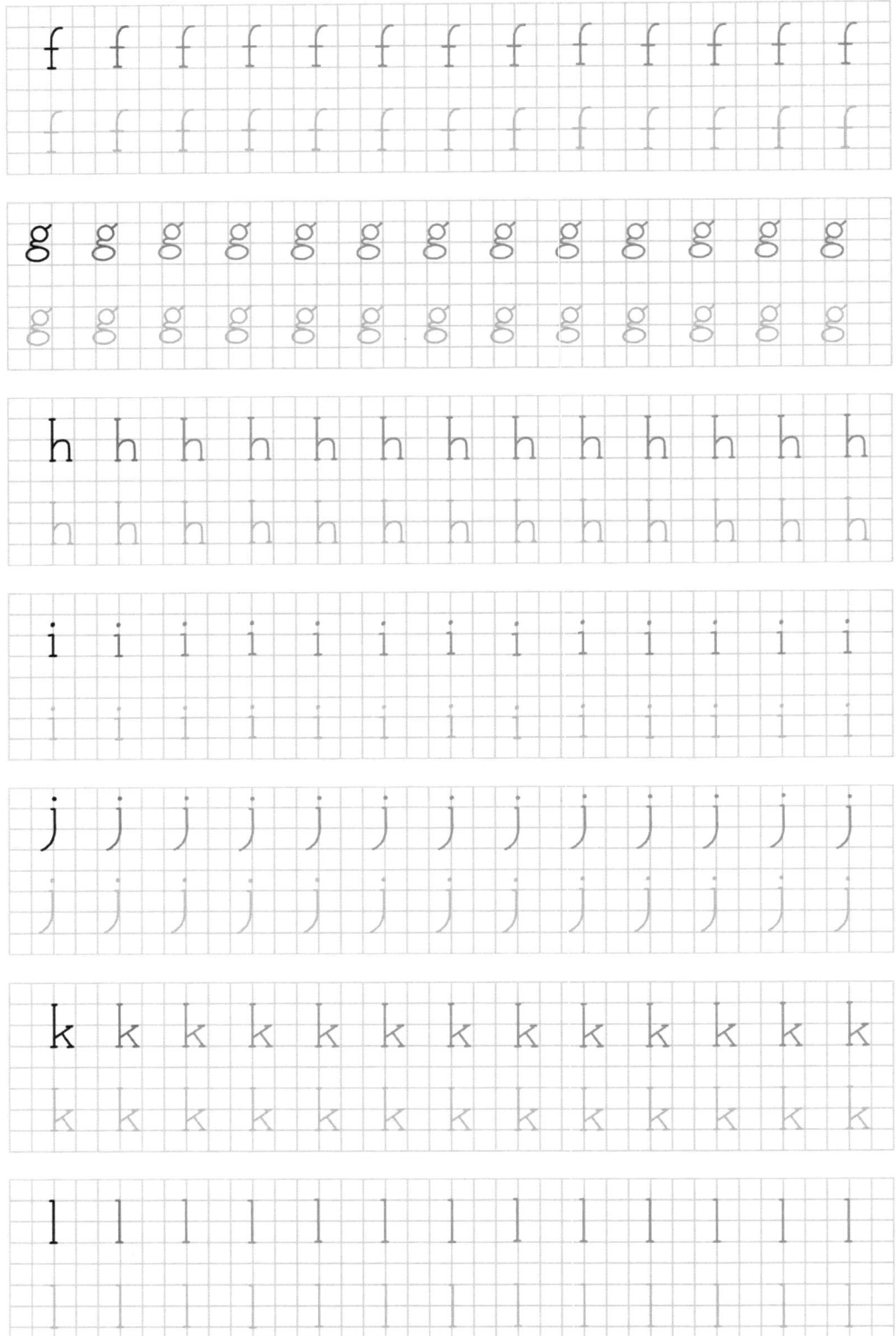

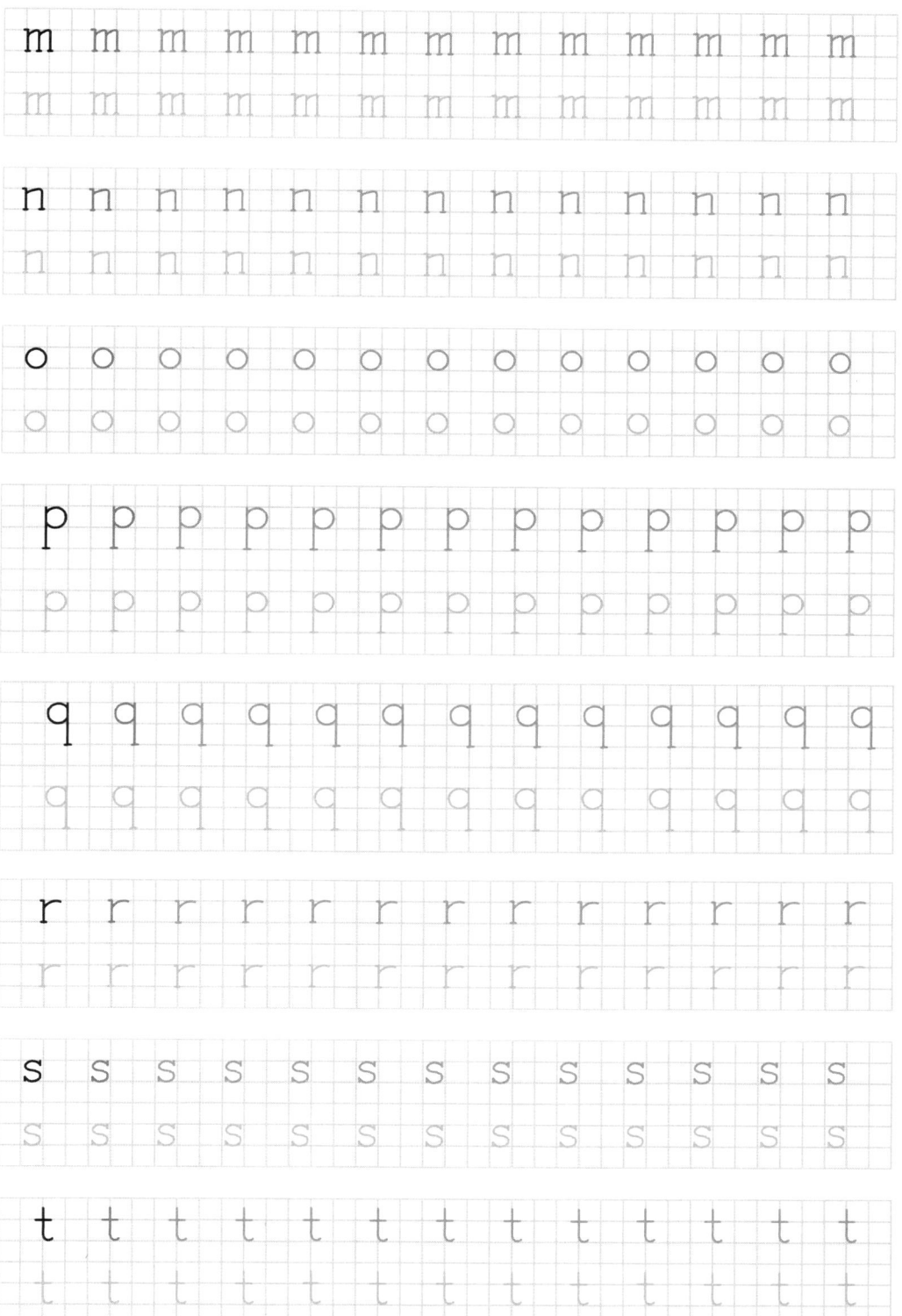

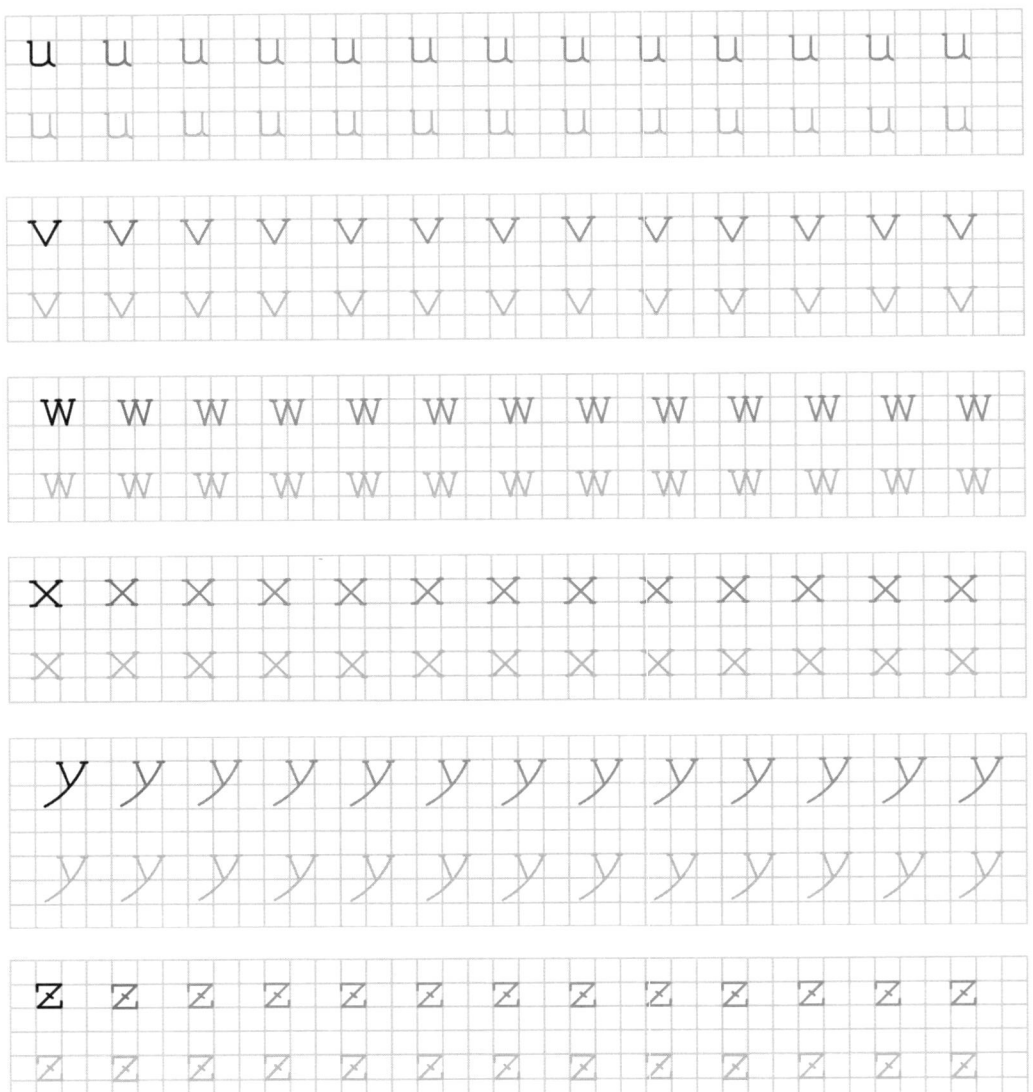

이제 연습한 글씨체로 예쁜 꽃이름을 영어로 쓰는 연습을 해보겠습니다.

Tulip   Tulip   Tulip   Tulip   Tulip

Orchid   Orchid   Orchid   Orchid

Hydrangea   Hydrangea   Hydrangea

Camellia   Camellia   Camellia

Indian lotus   Indian lotus

Freesia   Freesia   Freesia

Gypsophia   Gypsophia   Gypsophia

이제 실패를 두려워하지 않았던 토머스 에디슨(Thomas Edison)의 교훈을 필사하면서 세리프 소문자 연습을 마무리하겠습니다.

I am not discouraged, because every wrong attempt discarded is another step forward

I

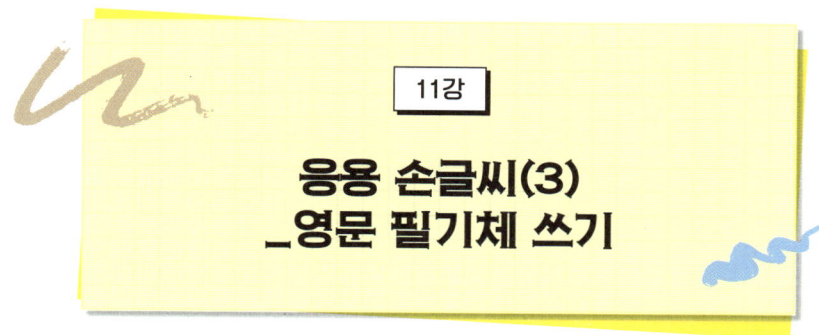

이번 시간에는 지난 시간에 이어 영문 필기체를 연습해보겠습니다.

먼저 대문자 필기체입니다.

획의 방향에 주의하여 연습합니다.

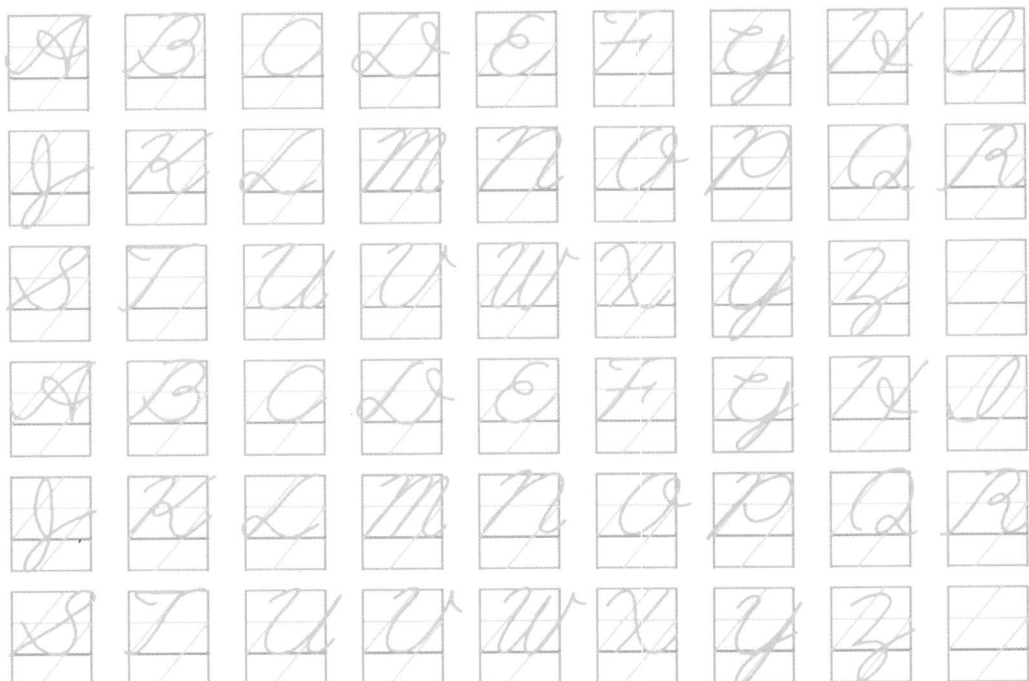

이번에는 소문자 필기체입니다.

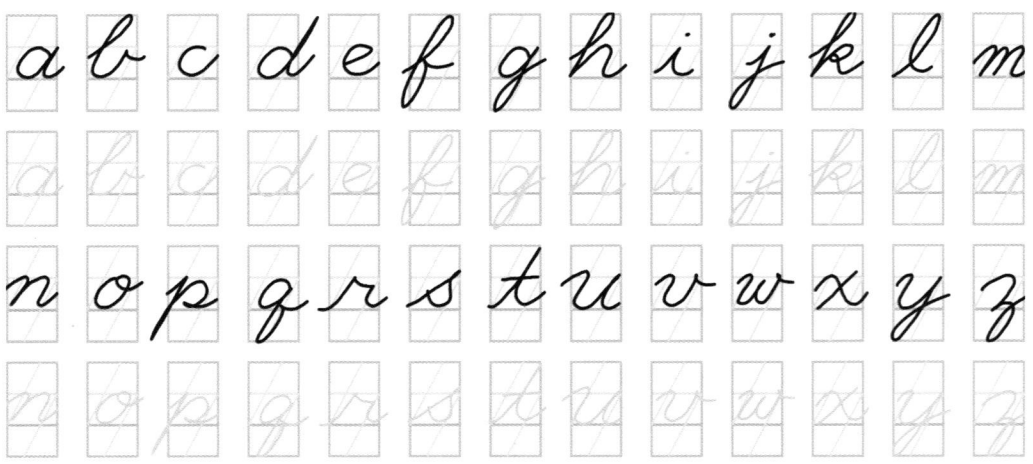

따라 쓰면서 연습해 보겠습니다.

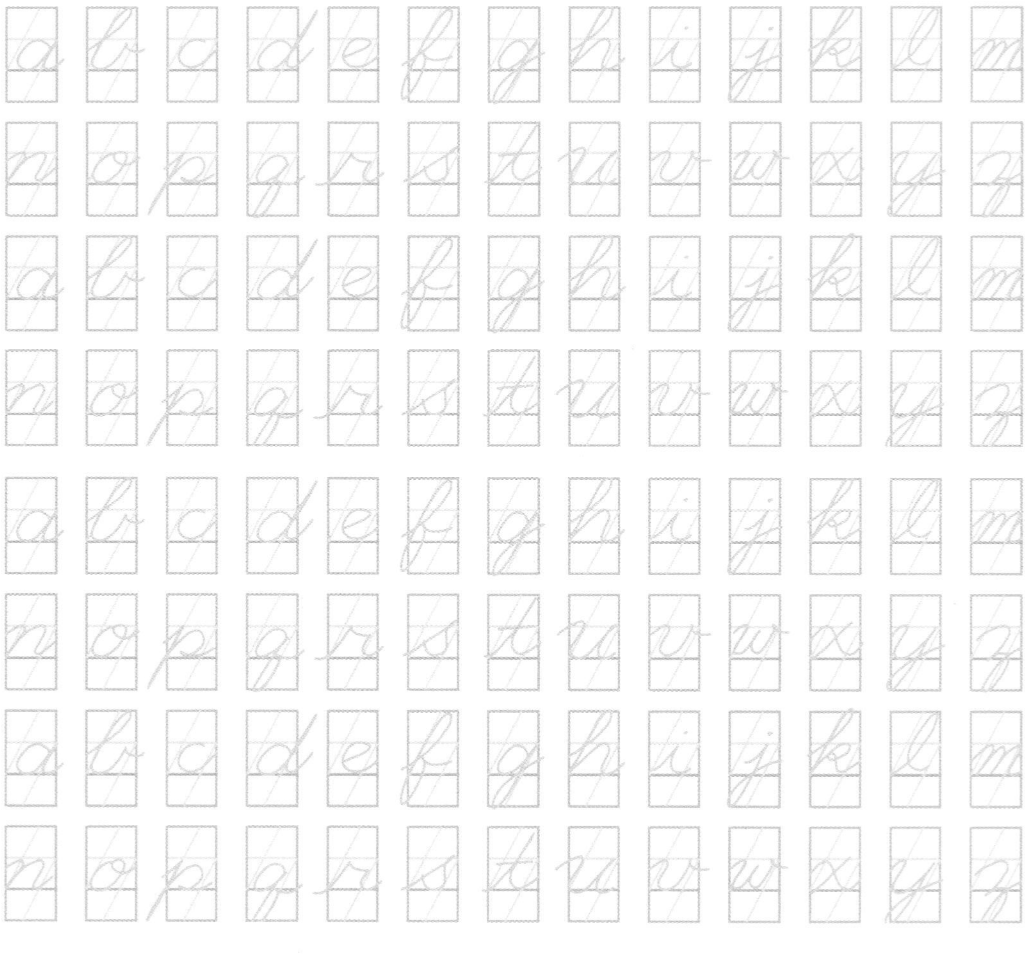

이제 소문자를 연결하여 써보겠습니다.
이음선이 아래에 있는 문자는 자연스럽게 다음 문자와 연결할 수 있습니다.

al cd ge hi ko ge

영문 필기체를 쓸 때는 보통 한 번에 끊지 않고 쓰지만, 중간에 살짝 펜을 멈추었다가 다시 이어서 써도 괜찮습니다.

다시 한번 더 연습해 보겠습니다.

al cd ge hi ko ge
al cd ge hi ko ge
al cd ge hi ko ge

이번에는 이음줄이 위에 있는 문자의 연결입니다.

마찬가지로 한 번에 이어쓰기가 어려운 경우 중간에 살짝 펜을 멈추었다가 다시 이어 쓰면 됩니다.

다시 한번 더 연습해 보겠습니다.

한 번에 연결해서 쓸 때와 중간에 잠시 멈추었다가 다시 이어 쓸 때 글씨 모양에 약간의 차이가 있을 수 있지만, 개인의 습관이나 선호도에 따라 선택하면 됩니다.

[한번에 연결]
연결된 방향이 연속적입니다.

[멈춘 후 연결]
연결 후 획의 방향을 변화시키기도 합니다.

이제 대문자와 소문자를 연결하여 단어 쓰기를 연습해 보겠습니다.

Almandine   *Citrine*

Diamond   *Emerald*

Gold   *Hessonite*

Lapis Lazuli   *Platinum*

Rutile   *Silver*

마지막으로 영문 필기체로 문장 쓰기를 연습해 보겠습니다.

Find something you love to do and you will never have to work a day in your life.

Find something you love to do and you will never have to work a day in your life.

좋아하는 일을 찾으라, 그러면 당신은 평생 단 하루도 일할 필요가 없다.
— 하비 맥케이 —

Anyone who has never made a mistake has never tried anything new.

한 번도 실수한 적이 없는 사람은 한 번도 새로운 것에 도전해본 적이 없는 사람이다.
− 앨버트 아인슈타인 −

평소에 좋아하는 영문 속담이나 격언을 메모하거나 연설문이나 책의 내용을 필사하는 것은 글씨뿐만 아니라 마음을 훈련하는 일에 더욱 도움이 되리라 생각합니다.

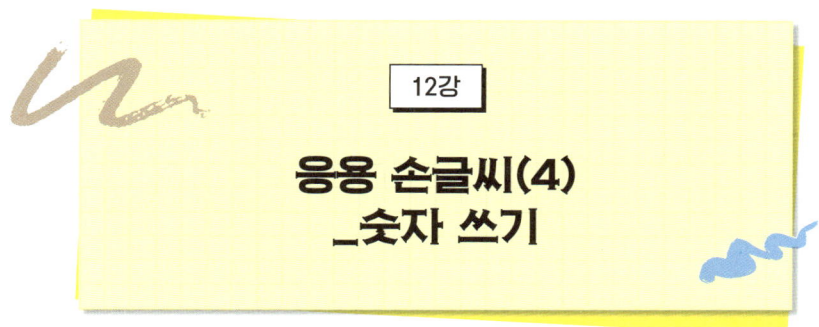

숫자는 우리의 일상에서 중요한 정보를 포함하고 있을 때가 많습니다.

금융 거래뿐만 아니라 약속이나 기억을 담아두는 일에 중요한 역할을 합니다. 이러한 중요한 숫자를 보다 깔끔하고 분명하게 쓰는 법을 연습해 보겠습니다.

1. 기울기 없는 숫자 쓰기

방안 노트를 활용하여 기울기 없는 숫자쓰기를 연습해 보겠습니다. 사람마다 좋아하는 글씨체가 다르듯이 좋아하는 숫자의 비율도 각자 다르기 때문에 방안 노트의 칸을 좋아하는 비율에 맞추어 연습합니다.

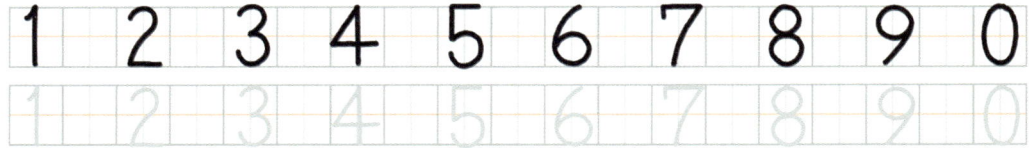

실제로는 같은 높이와 간격이라도 모양에 따라 다르게 느껴지고 시각 중심이 실제 중심보다 살짝 높기 때문에 3과 8의 경우 위보다 아래쪽을 살짝 크게 써줍니다.

4의 가로선은 중심보다 조금 아래로 써서 닫힌 공간이 좁게 느껴지지 않도록 합니다.

1 2 3 4 5 6 7 8 9 0

2. 기울기 있는 숫자 쓰기

기울기가 있는 노트를 활용하여 숫자를 연습합니다.

숫자 8의 경우 획을 쓰는 방법에 따라 조금씩 모양이 달라집니다. 자신이 선호하는 방법으로 균형 있게 써줍니다.

두 원을 나누어 쓰기 　　　 세로획 먼저 쓰기 　　　 가로획 먼저 쓰기

3. 단계별 숫자 쓰기

일반적으로 하위 단계로 갈수록 괄호가 증가합니다.

숫자와 한글이 함께 나올 때는 숫자를 우선으로 씁니다.

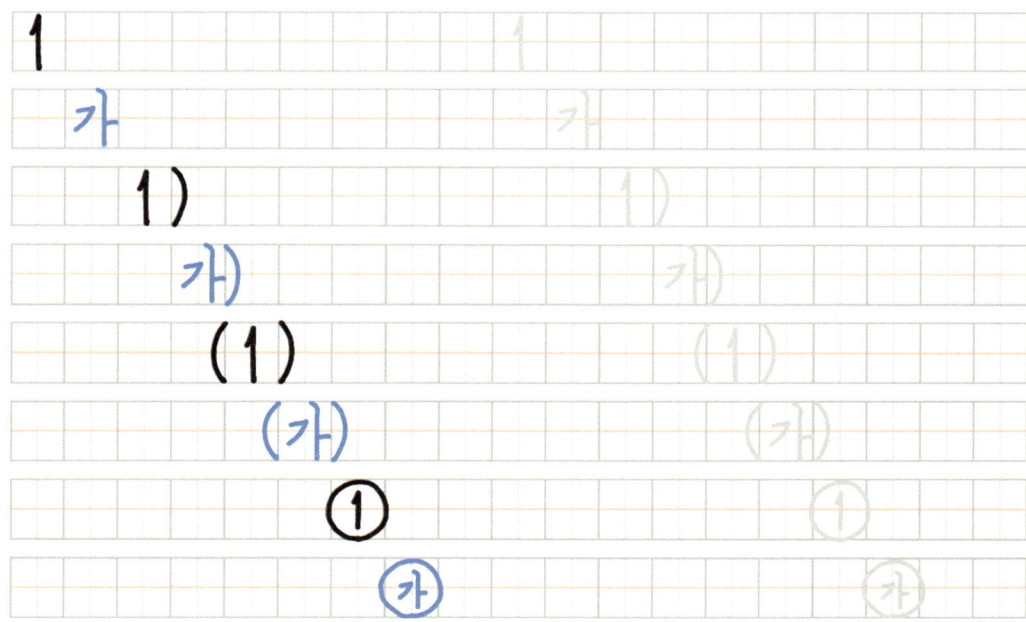

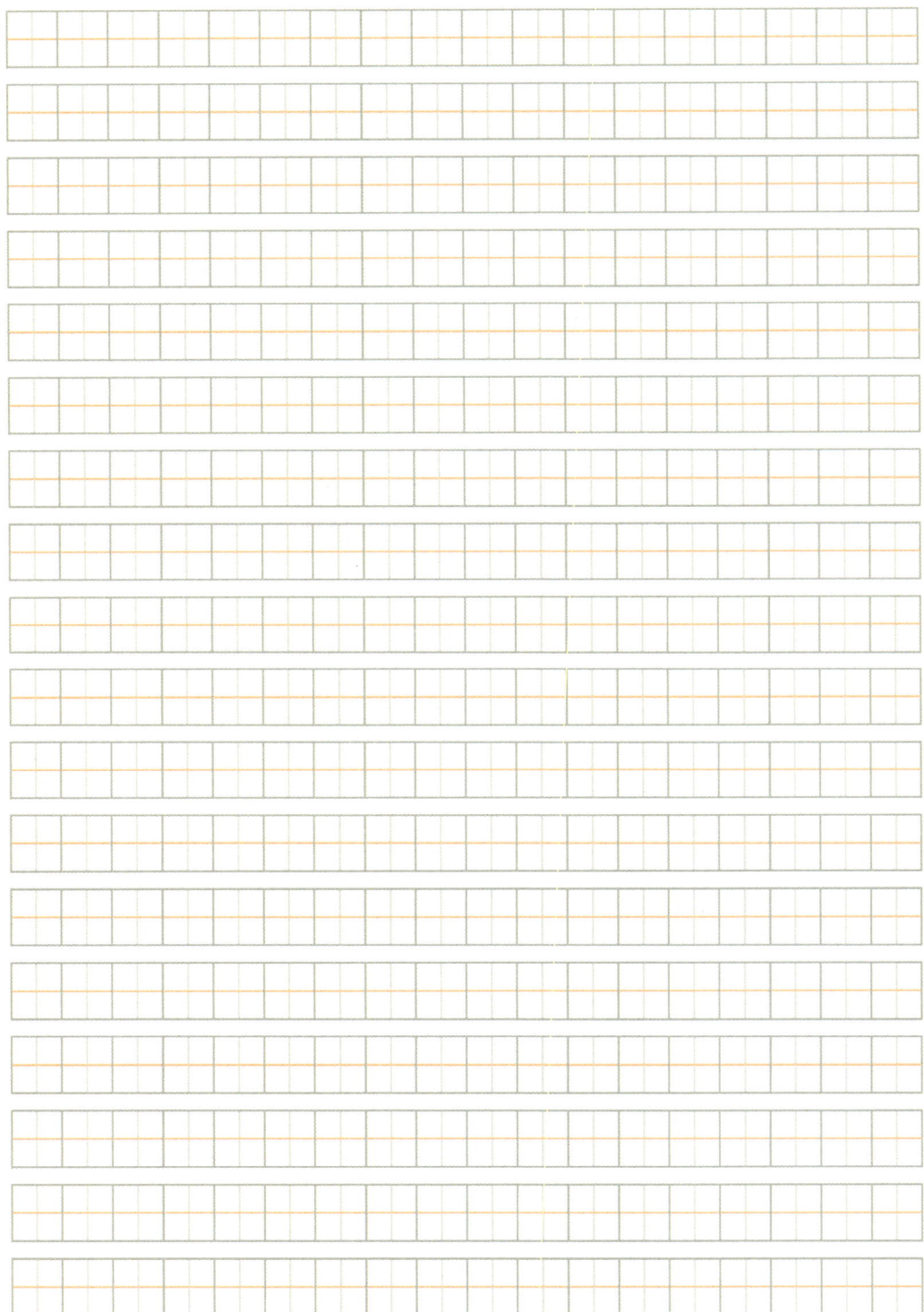

4부 일상 속 손글씨

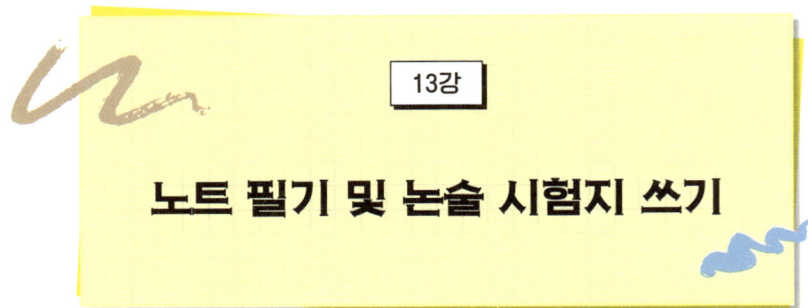

13강
노트 필기 및 논술 시험지 쓰기

노트 필기는 강의 내용을 들으면서 빠르게 필기해야 하므로 평소 손글씨보다는 조금 더 빠른 속도로 필기해야 합니다. 그리고 논술 시험이나 각종 고시에서는 아는 내용을 많이 쓰는 것이 유리하기 때문에 가독성을 유지하면서도 빠르게 쓰는 것이 중요합니다.

갈래 지읒 (3획)　　꺾임 지읒 (2획)　　모서리 굴림 (2획)　　이어 쓰기 (1획)

위의 예에서 보는 것처럼 가독성이나 판독성을 희생하지 않을 정도로 자음과 모음의 획을 줄이고, 꺾이는 획의 모서리를 둥글게 쓰면서 자음과 모음을 이어서 쓰면 조금 더 빠른 글씨를 쓸 수 있습니다.

이번 시간에는 메모나 노트 필기처럼 일상체로 빠르게 쓰면서도 깔끔함을 유지하는 글씨 쓰기를 연습해 보겠습니다.

먼저 앞에서 연습한 깍두기체 글씨 변형을 복습해보겠습니다.

속도를 줄이고 인생을 즐겨라

너무 빨리 가다보면

놓치는 것은 주위 경관 뿐이 아니다

어디로 왜 가는지도 모르게 된다

이제 자음을 조금 더 작게 다시 써보면 일상적인 필기에 어울리는 글씨체가 될 수 있습니다.

속도를 줄이고 인생을 즐겨라

너무 빨리 가다보면

놓치는 것은 주위 경관 뿐이 아니다

어디로 왜 가는지도 모르게 된다

여기에 조금 더 글씨를 빠르게 쓰기 위한 방법을 생각해보자면

1. 기본 획을 줄여서 씁니다.

가독성을 해치지 않는 범위 내에서 획을 줄여서 씁니다.

(1) 자음 획 줄이기

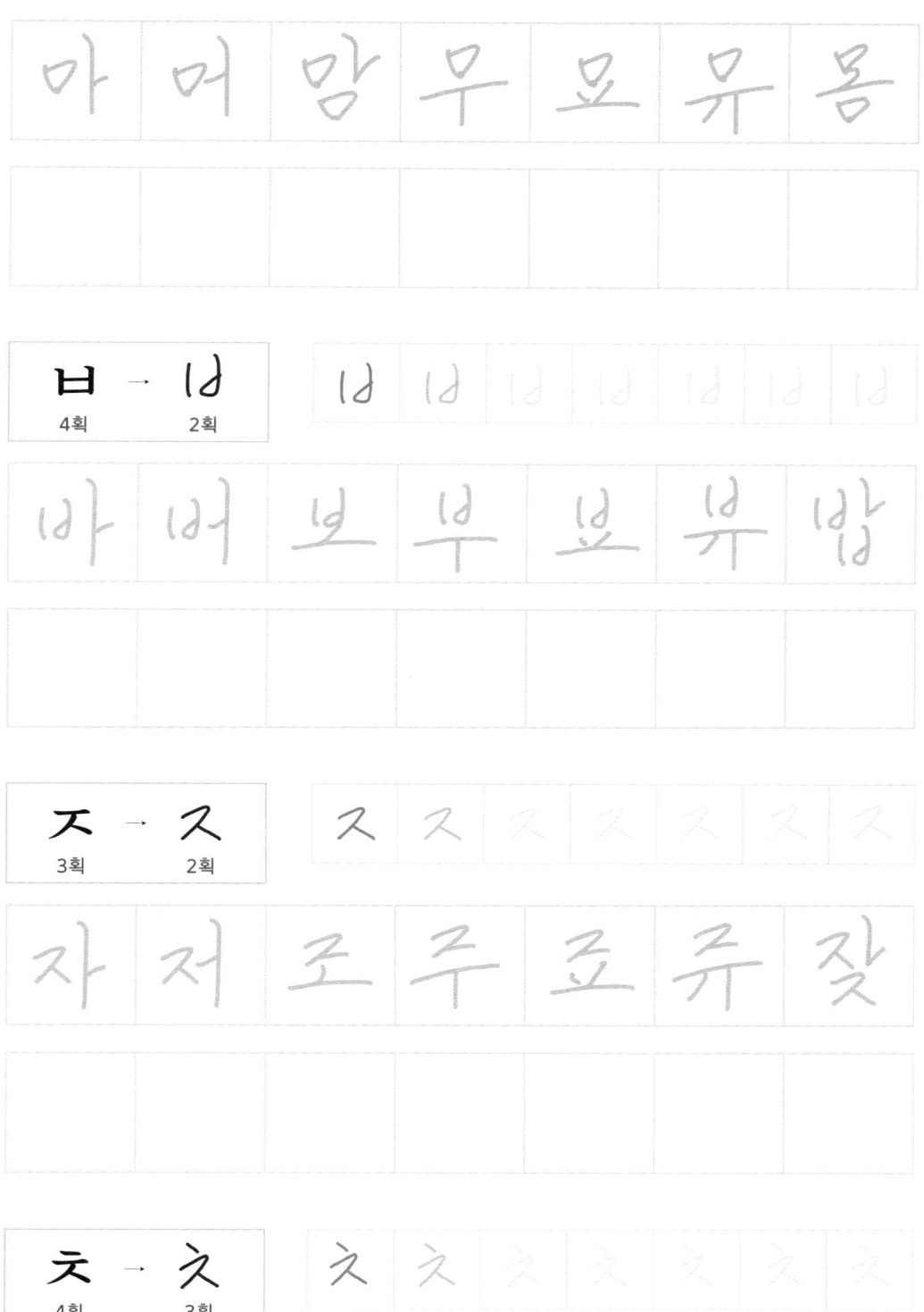

차 처 초 추 쵸 츄 찿

파 퍼 포 푸 표 퓨 앞

파 퍼 포 푸 표 퓨 앞

하	허	호	후	효	휴	놓

(2) 모음 획 줄이기

ㅏ → ㅏ

2획 1획

ㅏ	ㅏ	ㅏ	ㅏ	ㅏ	ㅏ	ㅏ

아	아	아	아	아	아	아

ㅗ → ㅗ

2획 1획

ㅗ	ㅗ	ㅗ	ㅗ	ㅗ	ㅗ	ㅗ

고	고	고	고	고	고	고

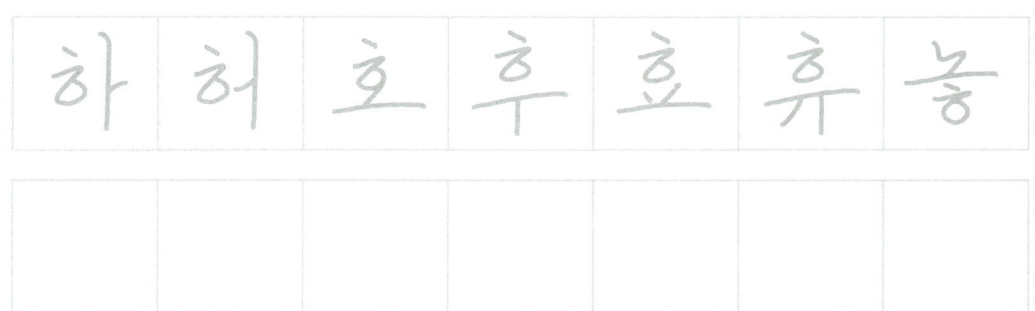

2. 모서리를 둥글게 씁니다.

모서리를 꺾임으로 쓰는 것보다 굴림으로 쓰면 쉽게 방향을 전환할 수 있습니다.

3. 돌기나 꼬리 같은 필압의 변화 없이 획을 마무리합니다.

모음의 부리는 펜의 이동 경로 상에 있기 때문에 써도 좋지만, 꼬리로 가늘게 마무리하는 것은 필압의 조절이 필요하므로 사용하지 않는 것이 좋습니다. 가로획의 경우에도 첫돌기와 맺음돌기와 같은 필압 조절을 하지 않고 일정한 필압으로 씁니다.

4. 기울여서 씁니다.

오른쪽이 위로 올라가도록 쓰면 초성 자음을 쓴 후 자연스럽게 다음 중성 모음 획으로 이어지게 됩니다.

5. 획을 이어서 씁니다.

자음에 이어지는 모음이나, 모음에 이어지는 자음을 이어서 한 획이 되도록 씁니다.
중성 모음과 연결하는 자음은 'ㄱ, ㄷ, ㄹ, ㅅ, ㅈ, ㅇ, ㅍ' 정도가 좋다고 생각합니다. 한글 궁서 흘림체에서와 달리 필압을 조절하지 않는 글씨체에서 받침 'ㄴ'은 연결선 때문에 개인적으로는 이어쓰기를 추천하지 않습니다.

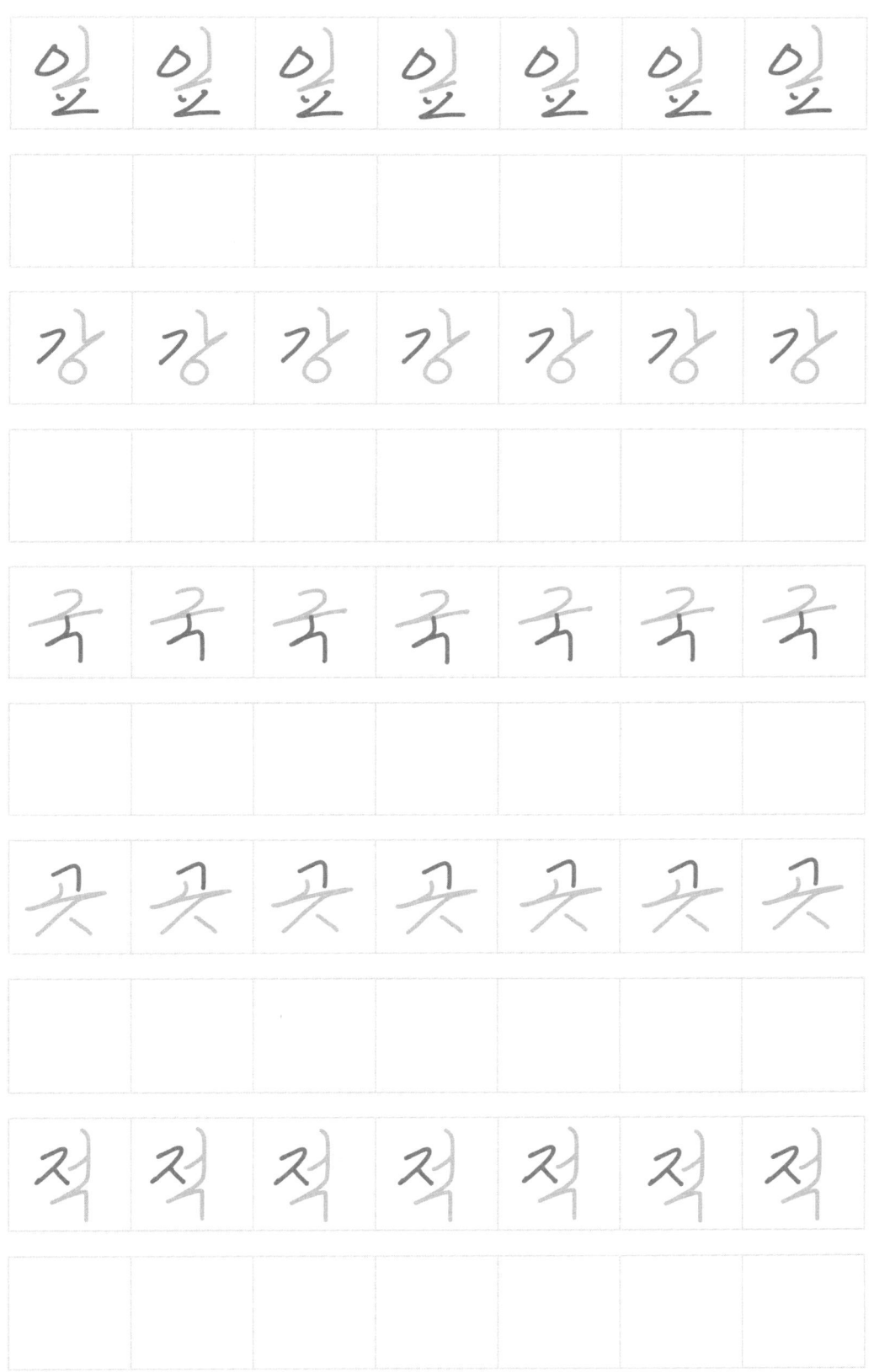

4부. 일상 속 손글씨

6. 문장 연습

그럼 먼저 앞에 연습했던 문장을 다시 한번 변형해서 써보겠습니다.

속도를 줄이고 인생을 즐겨라

너무 빨리 가다보면

놓치는 것은 주위 경관 뿐이 아니다

어디로 왜 가는지도 모르게 된다

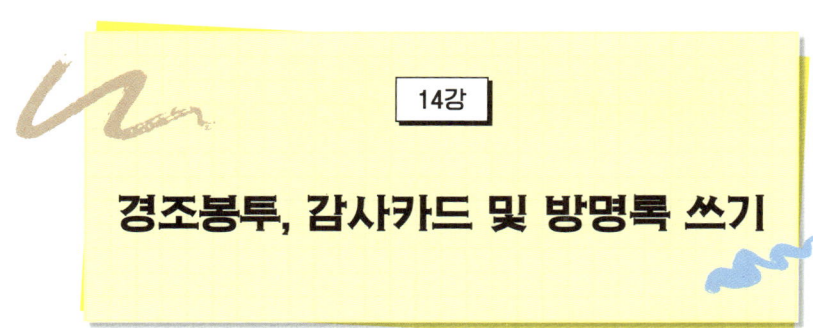

요즘에는 결혼이나 장례에 관련된 경조사에서 마음을 전할 때 해당 문구가 인쇄된 봉투를 문구점 등에서 쉽게 구할 수 있습니다.

하지만 짧은 축하의 인사말이나 위로의 한 마디도 직접 정성스레 손으로 써서 전달한다면 더욱 진심을 담아 전할 수 있으리라 생각합니다.

또한 감사의 선물에 짧은 카드로 마음을 표현할 때나, 기념식에 참석하여 방명록을 써야 할 경우, 표현할 문장을 어색하지 않고 정돈되게 쓰는 방법에 대해 알아보겠습니다.

1. 경조사 봉투 쓰기

먼저 경조사 봉투를 작성하는 법을 알아보겠습니다.
일반적으로 결혼식에서 많이 사용하는 문구는 다음과 같습니다.

祝 結婚　　　祝 華婚

하지만 한자가 아닌 한글로 더욱 정성스럽게 마음을 표현할 수 있습니다.
앞에서 연습한 글씨체로 봉투에 써봅니다.

결혼을 진심으로 축하드립니다

장례에 관해서도 다음과 같은 문구가 많이 사용되지만

賻儀   謹弔

한글 정자체로 마음을 담아 위로의 말을 전할 수 있습니다.

삼가 고인의 명복을 빌며
깊은 애도의 마음을 전합니다

그 밖에 여러 상황에서 마음을 전하는 문구입니다.

생신을 진심으로 축하하며
건강과 행복을 기원합니다

개업을 축하합니다
하시는 모든 일이 대박나시길 기원합니다

2. 방명록 & 카드 쓰기

다음은 방명록이나 감사카드 쓰는 방법입니다.
간혹 매체에서 연예인이나 정치인 등 여러 유명인들의 방명록이 소개되는 경우가 있습니다.
전달하려는 내용이 무엇보다 중요하지만 글씨체가 화제가 되는 경우도 있습니다.

유명인은 아니어도 때때로 방명록을 쓸 때가 있고 노트 필기 같은 긴 문장 쓰기가 아닌 축하 카드나 감사 카드처럼 짧은 문장의 글을 쓸 때가 있습니다. 그래서 이번에는 방명록이나 카드처럼 비교적 짧은 문장을 쓸 때 주의할 점과 깔끔하게 정돈하여 쓰는 방법을 연습해보겠습니다.

(1) 평소 글씨보다 크게 쓰는 것이 좋습니다.

방명록

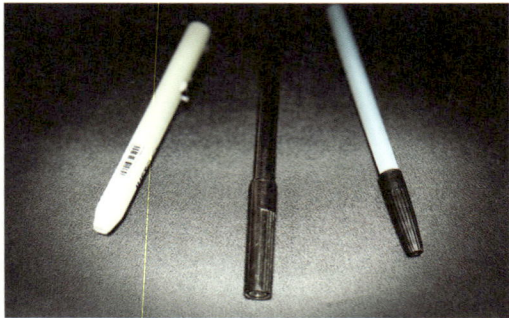
마카, 붓펜, 싸인펜

일반적으로 방명록에 글씨를 쓸 때는 싸인펜이나 마카 또는 붓펜처럼 심이 굵은 필기구를 사용하는 경우가 많습니다. 따라서 습관처럼 평소 크기대로 글씨를 쓸 경우 간격이 좁아져서 답답한 느낌을 주게 됩니다. 평소 노트 필기하던 글씨보다 조금 더 큰 글씨로 쓰는 것이 좋습니다.

해와 달이 이 언덕을 보호하리라
펜의 두께에 비해 작은 글씨

해와 달이 이 언덕을 보호하리라
펜의 굵기에 알맞은 크기의 글씨

(2) 전하려는 문장을 몇 줄로 쓸 것인지를 먼저 생각해보아야 합니다.

미리 준비한 문장을 쓸 경우나 즉석에서 생각한 문장이라도 몇 줄로 쓸 것인지 정하고 쓰는 것이 좋습니다.

미리 생각해두지 않으면 공간이 부족하여 글씨와 간격을 고르게 쓰지 못하는 경우가 생깁니다.

미리 생각하지 못한 글씨 배열 / 미리 계획된 문장 글씨 배열

(3) 3줄 이상으로 쓸 경우 줄 간격이 일정하게 씁니다.

여기는 민족의 얼이 서린 곳
조국과 함께 영원히 가는 이들
해와 달이 이 언덕을 보호하리라
줄간격이 일정하다.

여기는 민족의 얼이 서린 곳
조국과 함께 영원히 가는 이들
해와 달이 이 언덕을 보호하리라
줄간격이 일정하지 않다.

(4) 가상의 기준선(무게 중심선)을 두고 글씨를 씁니다.

당신들이 있었기에
지금의 대한민국이 있습니다
무게 중심선을 기준으로 쓰면 글자의 크기가 달라도 안정감이 있습니다.

(5) 글씨의 크기(높이)가 줄간격보다 크게 쓰는 것이 좋습니다.

선생님께서 저에게 주신 가르침과
은혜를 잊지 않고
마음 속 깊이 간직하며
살아가겠습니다. 감사합니다
(O) 글씨 크기 > 줄간격

선생님께서 저에게 주신 가르침과

은혜를 잊지 않고

마음 속 깊이 간직하며

살아가겠습니다. 감사합니다
(×) 글씨 크기 < 줄간격

(6) 공간이 부족한 경우 핵심단어를 크게 쓰고, 조사를 작게 써서 조절합니다.

선생님께서 저에게 주신
가르침과 은혜를

축하 카드나 감사 카드의 경우에도 방명록 쓸 때와 같은 방법으로 쓰면 됩니다.

언제나 감사하고
사랑합니다
항상 건강하세요

사랑하는 부모님
존경하고
감사합니다

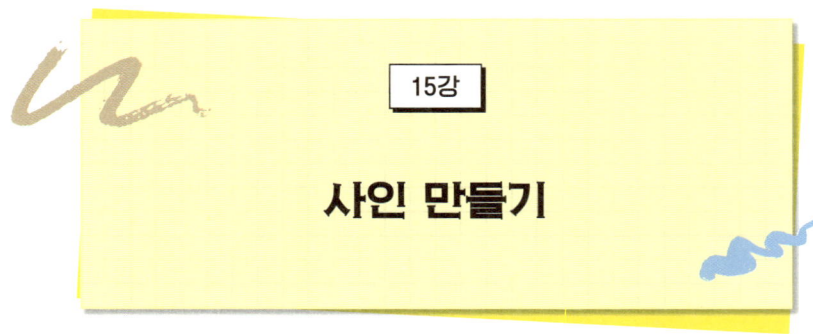

사인 만들기

우리는 지금도 각종 계약서나 중요한 서류에는 본인의 손글씨로 서명을 남깁니다. 도장으로 대신 하는 경우도 있지만, 본인이 직접 쓴 자신의 서명은 서류 내용에 전적으로 동의한다는 의미로 받아들여집니다. 유명 정치인이나 스포츠 스타, 혹은 연예인에게 받은 사인은 그 만남이 특별하다는 친밀함을 느끼게 합니다.

유명인이 아니더라도 자신만의 독특한 사인을 만들고 사용하는 것은 새로운 개성을 만드는 것과 같습니다. 한글이나 한자 또는 영문으로 자신의 이름을 사인으로 만들고 도형이나 그림으로 독특함을 더할 수 있습니다.

이번 시간엔 사인을 만드는 방법을 생각해보려고 합니다.

1. 한글이나 한자 또는 영문 이름 선택

우선 어떤 문자로 사인을 만들 것인지 결정합니다. 간혹 도형이나 기호로 사인을 하는 경우도 있지만 실제 사용하는 문자를 선택하는 것이 좋습니다.

한글   한자   영문

2. 성과 이름 혹은 모두 선택

어떤 문자로 쓰기로 결정했다면 이제는 성과 이름을 함께 쓸 것인지 결정합니다.

| 성만 쓰는 경우 | 이름만 쓰는 경우 | 성과 이름 모두 쓰는 경우 |

3. 가상의 틀 선택

이제 글씨를 쓸 중심선이나 가상의 틀을 선택합니다.

강조할 부분을 크게 쓸 수 있도록 공간을 만듭니다. 성을 크게 써보겠습니다.

4. 선 위에 글씨 쓰기 또는 틀 안에 글씨 쓰기

중심선이나 가상의 틀 안에 맞추어 글씨를 씁니다.

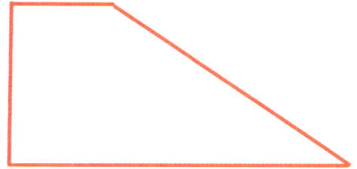

5. 이어쓰기 쉽게 글씨를 변형한다.

획을 줄여 이어쓰기 쉽도록 글씨를 연결합니다.

6. 특정 부분을 꾸미거나 강조

특정한 획을 꾸미거나 강조하여 길게 씁니다.

7. 숫자 또는 기호나 도형을 추가

글씨에 장식을 더하거나 숫자를 추가하여 마무리합니다.

8. 다양한 사인들

편리한 손글씨
_Digital Handwriting

손글씨는 타이핑에 비해 무척이나 아날로그적인 행위이지만 손글씨의 도구가 반드시 종이와 펜이어야만 한다고 생각하지는 않습니다. 손글씨뿐만 아니라 예전에 종이와 펜으로 그리던 그림도 이제는 태블릿을 이용하여 그리는 경우가 많습니다.

손글씨도 갤럭시탭이나 아이패드같은 휴대용 태블릿이나 와콤같은 판태블릿을 이용하여 편리하게 사용할 수 있습니다. 손으로 직접 쓰는 개인적 감성에 디지털의 장점을 살려 다양하게 활용할 수 있습니다.

갤럭시탭   아이패드   판태블릿

종이와 노트 대신에 스타일러스 펜과 태블릿을 사용하는 디지털 핸드라이팅은 한 자루의 펜으로 연필뿐 아니라 만년필 그리고 붓까지 앱에서 제공하는 다양한 펜으로 바꿀 수 있고 두께와 색을 다양하게 변화시켜 사용할 수 있습니다.

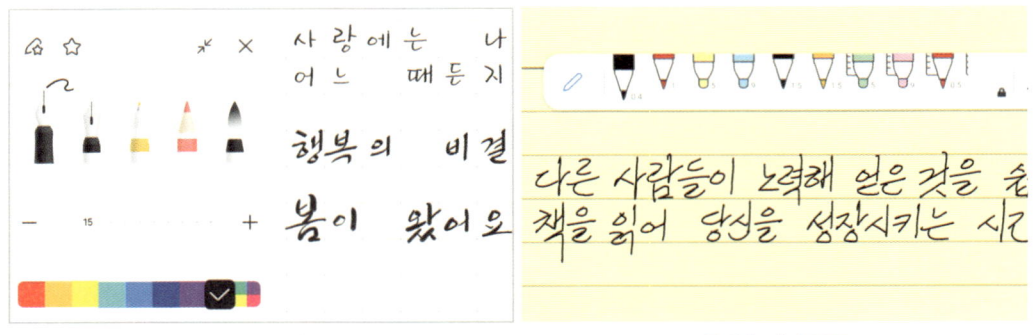

삼성 노트 펜의 종류　　　　　　　　　플렉슬 펜의 종류

디지털 기기 특성상 수정과 편집이 자유롭고 한 번의 작업으로 반복해서 출력할 수 있는 장점도 있습니다. 완성된 문서를 저장하여 보관하거나 다른 사람과 쉽게 공유할 수 있습니다.

대표적으로 많이 사용하는 태블릿의 특징과 유용한 앱들을 살펴보겠습니다.

1. 갤럭시탭(Galaxy Tab)

갤럭시탭 제품은 S펜이라는 스타일러스펜을 사용하는데 EMR(Electro Magnetic Resonance: 전자기 공명)방식으로, 펜이 화면에 닿을 때 태블릿에서 전력을 공급하기 때문에 배터리가 필요하지 않고 충전할 필요가 없어서 애플펜슬에 비해 얇고 가벼운 편입니다.
(글씨 쓰기 외 다른 동작을 위해 배터리가 필요한 경우가 있습니다.)

하지만 얇은 몸통 때문에, 잡고 글씨를 쓰기에 불편한 점이 있어서 정품 S펜에 커버를 씌우거나 만년필과 같은 그립감을 제공하는 라미S펜이나 스테들러 점보 같은 사외품을 구입하여 사용하기도 합니다.

같은 펜을 사용하더라도 태블릿 본체의 성능에 따라 펜의 성능도 달라지기 때문에 본체에 따라 펜의 필압 단계가 다를 수 있습니다.

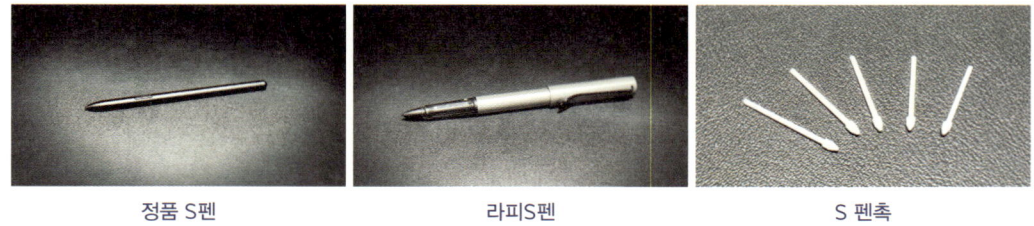

정품 S펜　　　　　　　　라피S펜　　　　　　　　S 펜촉

기본 제공되는 펜촉은 엘라스토머라는 고무처럼 탄성이 있는 플라스틱 재질로 되어 있으며 고무팁 있어 마찰력을 높여 필기감을 더 높인 펜촉도 함께 제공되고 있습니다.

애플펜슬에 비해 펜촉이 부드럽기 때문에 마모가 조금 더 빠른 편이지만 펜심이 저렴한 편이라 교체비용이 크게 부담스럽지는 않습니다.

 갤럭시탭 필기앱으로는 삼성노트, 플렉슬, 굿노트, 노트쉘프 등 여러 앱이 있지만 주로 사용하는 삼성노트와 플렉슬앱으로 손글씨 연습하는 방법을 알아보겠습니다.
 또한 필기앱은 아니지만 펜업(PENUP)과 같은 드로잉앱을 사용하면 보다 다양한 펜을 사용할 수 있을 뿐 아니라 마치 노트를 겹쳐서 쓰는 것 같은 레이어 기능을 사용할 수 있습니다.

(1) 삼성노트(SAMSUNG NOTE)

 삼성노트앱은 갤럭시탭에서 무료로 기본 제공되는 앱이지만 다른 유료앱에 비해 결코 부족하지 않은 다양한 기능을 가진 완성도 높은 앱입니다. 팜리젝션* 기능도 우수하며 노트의 기본적인 기능들을 잘 사용할 수 있습니다.

* 팜리젝션(Palm Rejection): 손바닥을 태블릿 화면에 대고 글씨를 쓸 때 손바닥을 터치로 인식하지 않도록 하는 기능.

 앱을 불러온 후 용도에 맞는 다양한 노트를 선택하여 작업할 수 있습니다.

 페이지 템플릿을 선택합니다.

다양한 이미지 노트가 기본 제공됩니다.　　PDF로 저장한 연습용 노트들을 불러올 수 있습니다.

듀얼 화면으로 PDF 교재와 노트를 함께 불러서 필기할 수 있습니다.

교재 위에 직접 필기하거나 형광펜으로 표시할 수도 있습니다.

〈대조언어학〉 -허용, 김선정-

PDF 연습 노트를 사용하여 다양한 글씨체를 연습할 수 있습니다.

필압의 변화가 없는 글씨체부터 궁서체처럼 필압의 변화가 있는 글씨체를 다양한 펜으로 연습할 수 있습니다.

삼성 S펜은 4,096단계의 세밀한 필압을 제공합니다. 하지만 궁서체나 한자처럼 필압의 변화가 있는 글씨체는 익숙해지기까지 많은 연습이 필요합니다.

(2) 플렉슬(FLEXCIL)

삼성노트와 플렉슬은 펜이나 표지, 노트 설정 방법 등 몇 가지 차이점이 있어서 노트로 활용하는 데는 개인의 선호도 차이가 있습니다. 학습용 노트앱으로는 모두 좋은 평가를 받고 있지만 손글씨 연습 활용성 면에서 보면 제공되는 펜 중에 붓펜이 없고 이미지 내보내기 면에서 조금 아쉬운 점이 있습니다.

디지털 핸드라이팅의 장점은 태블릿 하나로 다양한 펜과 노트를 사용할 수 있다는 것입니다. 또 다른 큰 장점은 연습하고자 하는 폰트 글씨체를 PDF 문서로 불러와서 그 위에 따라 쓰면서 글씨체를 연습할 수 있다는 것입니다.

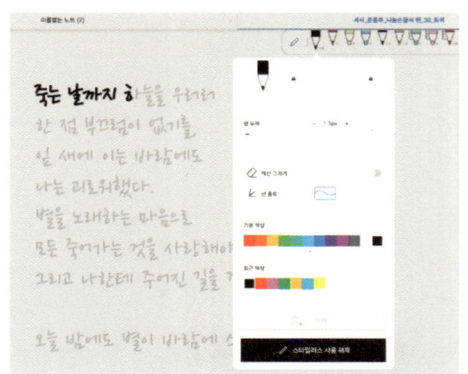
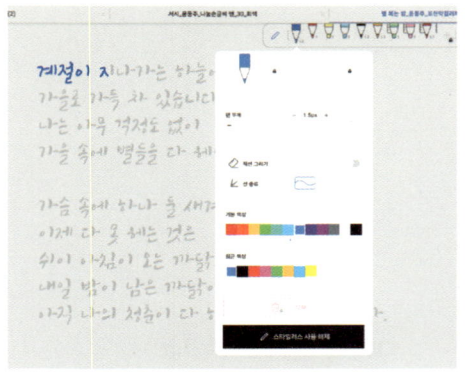

연습할 글씨체를 pdf파일로 불러온 후 펜의 종류, 두께, 색상을 선택하여 연습할 수 있습니다.

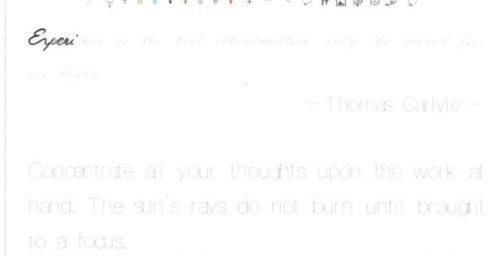

영어 쓰기 연습 / 한자 쓰기 연습

(3) 펜업(PENUP)

드로잉앱들은 그리기 용도로 개발되었기 때문에 필기에 최적화된 앱은 아니지만 일반적인 필기앱보다 다양한 펜을 제공하는 경우가 많습니다. 또한 레이어를 추가하여 작업이 가능하기 때문에 특별한 효과를 표현할 수 있어서 캘리그라피 작업에도 아주 좋습니다.

다양한 펜 제공

2. 아이패드

아이패드에서 사용되는 애플펜슬은 갤럭시 탭에서 사용하는 S펜과 달리 펜에서 직접 전기 신호를 보내는 AES(Active Electrostatic: 능동 정전기) 방식이어서 펜 자체를 충전해야 하고 기기와의 페어링이 필요합니다.

배터리를 내장하고 있기 때문에 S펜이 비해 조금 더 굵고 무거운 편이며 펜심이 단단한 편입니다. 기울기에 따라 굵기가 다르게 써지기 때문에(틸팅 기능) 효과적으로 사용하려면 연습이 필요합니다. 굿노트나 노트쉘프 같은 필기앱도 있지만 프로크리에이트 같은 드로잉앱도 글씨 쓰기에 좋은 기능들이 많아서 디지털 캘리그라피에 많이 사용됩니다. 또한 젠브러쉬처럼 붓글씨에 특화된 앱도 있습니다.

(1) 굿노트

아이패드용 필기앱인 굿노트입니다.
다양한 템플릿(노트)중 모눈종이를 불러온 모습입니다.

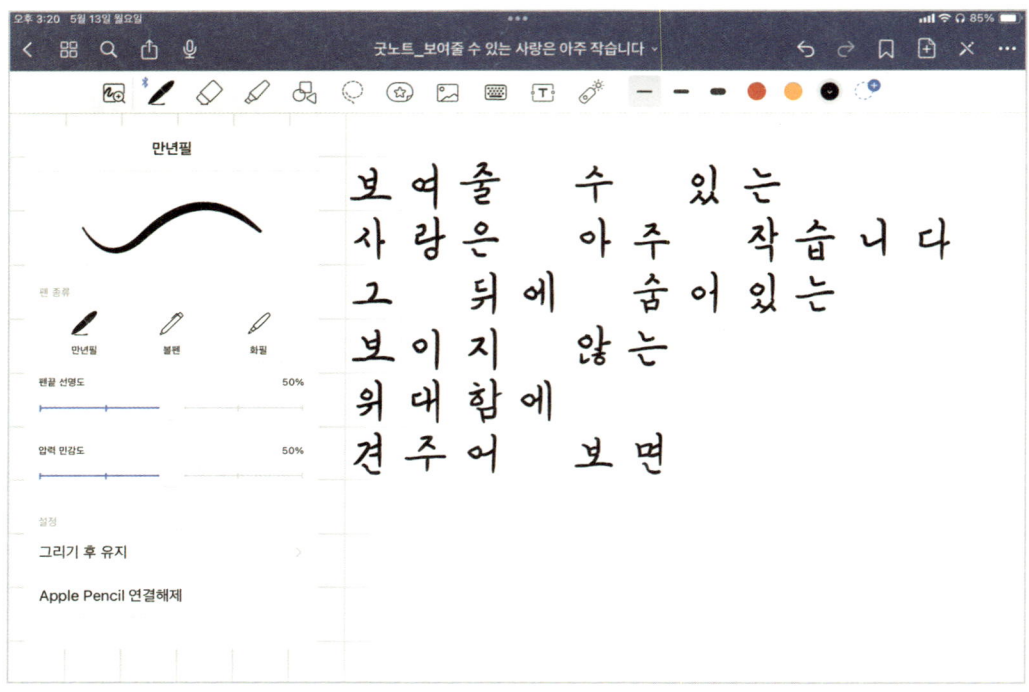

펜은 만년필, 볼펜, 화필(붓)이 있습니다. 드로잉앱만큼 다양한 펜을 제공하지는 않지만 선명도와 민감도를 조절하여 쓸 수 있으며 굵기와 색상 또한 조절이 가능하기 때문에 필압 변화가 있는 글씨체를 연습하기에도 유용합니다.

필기할 때 화면을 확대해서 쓸 수 있는 기능이 있습니다.
필압 조절이 필요한 한글 글씨체나 한자를 연습할 때 유용하게 사용할 수 있습니다.

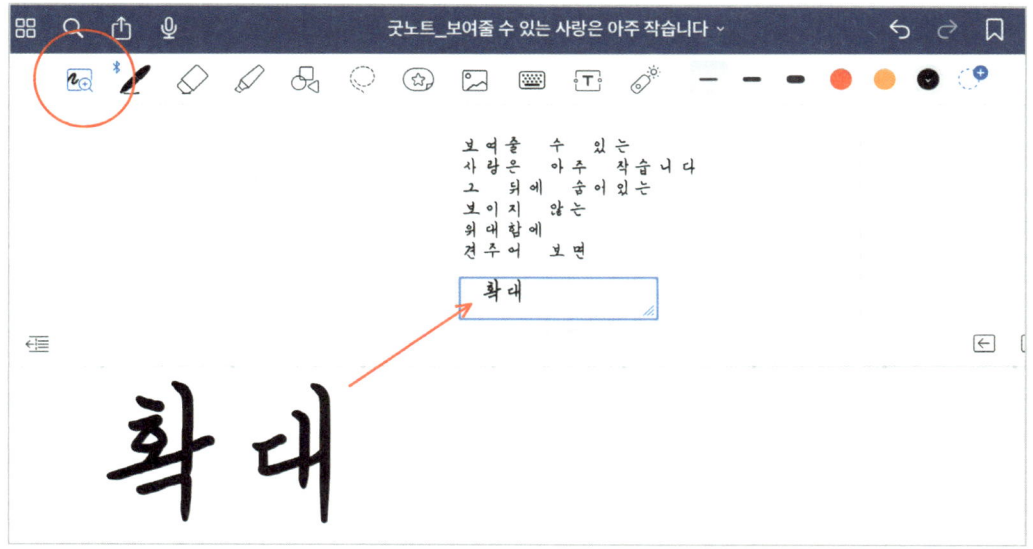

(2) 프로크리에이트

프로크리에이트는 갤럭시탭의 펜업(PENUP)처럼 그림을 그리는 목적으로 개발된 드로잉앱입니다. 레이어 기능을 이용해 바탕이 될만한 배경을 불러온 후 그 위에 다양한 그림과 글씨를 쓸 수 있습니다. 그리기에 최적화된 많은 기능들이 있지만 그중에서도 브러시 라이브러리 안에 있는 다양한 펜들은 글씨 연습을 하기에도 아주 좋습니다.

제공되는 펜을 그대로 사용할 수 있을 뿐 아니라 브러시 스튜디오에서 자신에게 맞도록 펜을 커스텀하여 자신만의 펜을 만들 수도 있습니다.

다양한 편집 기능과 레이어 기능을 사용하여 손글씨 연습뿐 아니라 수채화 캘리그라피 같은 다양한 작품들을 만들 수 있습니다.

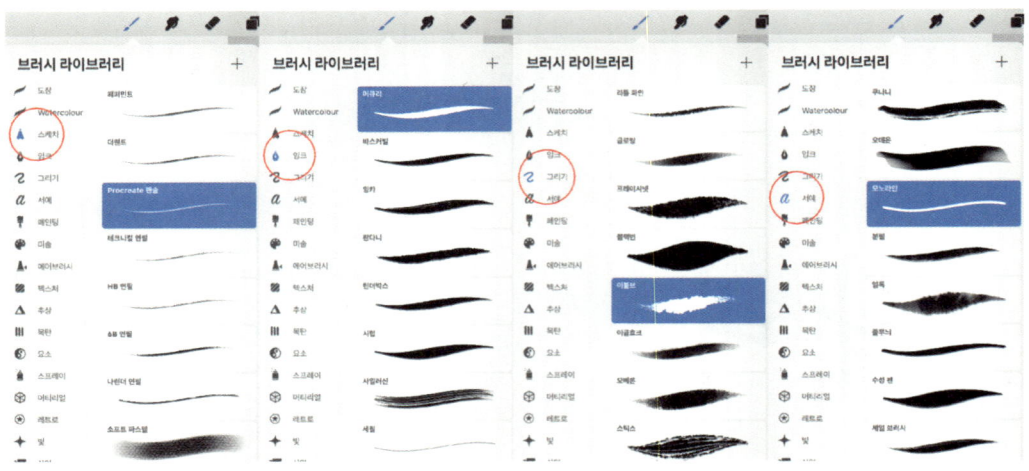

브러시 라이브러리에는 아주 다양한 펜이 있습니다.

(3) 젠브러쉬3(ZENBRUSH3)

젠브러시는 붓에 특화된 앱입니다. 갈필이나 번짐과 같은 붓 고유의 특성을 잘 살릴 수 있을 뿐 아니라 실제 붓글씨에서 사용하기 어려운 다양한 색상의 글씨나 그림도 가능합니다.

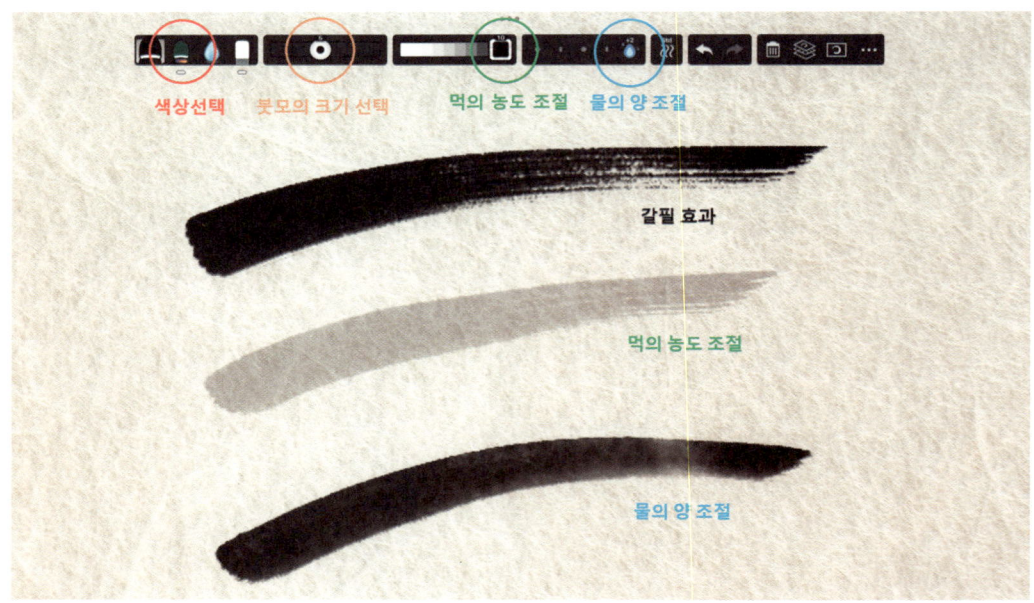

붓모의 크기뿐 아니라 먹의 농도까지 조절하여 쓸 수 있습니다. 드로잉앱처럼 여러 레이어를 불러올 수 있기 때문에 멋진 동양화 작품도 만들 수 있습니다.

화선지뿐 아니라 다양한 질감의 종이를 선택할 수 있습니다.

글씨뿐 아니라 붓으로 그리는 그림도 가능합니다.

붓글씨 연습을 하거나 붓을 활용한 캘리그래피 작품을 만드는 데 아주 유용한 앱입니다.

검은색 먹을 사용한 글씨뿐 아니라 다양한 색깔과 질감으로 글씨를 쓸 수 있습니다.

3. 판 태블릿 / 액정 태블릿

마우스처럼 컴퓨터에 연결해서 입력장치로 사용하는 판태블릿입니다.

액정이 없는 경우 모니터를 보면서 작업을 해야하기 때문에 노트에 쓰는 것처럼 손이 나가는 방향을 보지 못하는 불편함이 있어서 글씨 연습에는 적합하지 않습니다.

액정 태블릿은 판태블릿과 마찬가지로 컴퓨터에 연결해서 사용하기는 하지만 태블릿 자체에도 따로 액정이 있어서 노트처럼 화면을 보면서 충분히 글씨 연습을 할 수 있습니다.

다양한 펜을 선택할 수 있고, 크기와 색상을 구별하여 사용할 수 있기 때문에 갤럭시탭의 펜업이나 아이패드의 프로크리에이티브 앱처럼 효과적인 완성도 높은 캘리그라피 작품을 만들 수 있습니다.

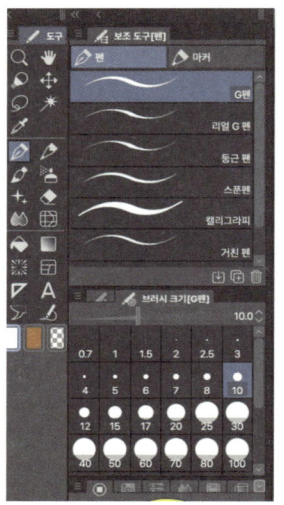

액정 태블릿 (클립스튜디오 CLIP STIDIO 앱 실행 화면)

개인적으로는 위 3종류의 디지털 기기 중에서 다른 용도를 제외하고 일상적인 손글씨나 노트필기만을 놓고 보았을 때 갤럭시탭에 종이질감 필름을 붙이고, 펠트심을 끼운 S펜을 사용하는 것이 가장 아날로그적인 감성을 느낄 수 있는 디지털 핸드라이팅이라고 생각합니다. 애플펜슬처럼 유리에 닿는 딱딱한 느낌이 아니라, 부드럽고 글씨를 쓸 때 사각사각 하는 소리가 마치 노트에 필기를 하는 듯한 기분이 들게 합니다. 하지만 세밀하게 필압을 조절할 때 울컥 잉크가 쏟아지듯 획의 변화가 생기거나 아이패드에서만 제공하는 앱들을 사용해야 할 때는 갤럭시탭만으로는 아쉬움이 있습니다. 자신이 주로 사용할 용도에 맞는 제품을 선택하면, 보다 더 효과적으로 사용할 수 있습니다.

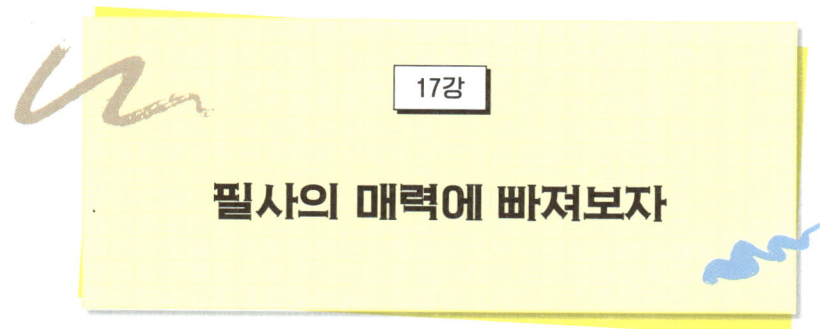

필사의 매력에 빠져보자

'적자생존'이란 '적는 자만이 살아남는다는 뜻이다'라고 말씀하신 분이 있습니다. 자신이 읽은 책의 요점을 정리하여 필사하고, 그 내용을 거듭 돌아보며 자신의 것으로 만드셨다고 합니다. 요즘엔 책을 읽다가 기록하고 싶은 부분이 있으면 휴대폰으로 찍거나 스캔하여 디지털 문서로 저장할 수도 있지만, 손으로 하나 하나 쓰는 것과는 비교할 수 없을 것입니다.

필사는 가장 심화된 형태의 독서라고 할 수 있습니다. 단순히 책을 눈으로 읽는 것보다 훨씬 깊이 있는 책 읽기를 할 수 있습니다. 그동안 연습한 손글씨로 좋아하는 문장들을 모아 자신만의 독서 노트를 만들어보면 어떨까요?

단순히 책의 내용을 옮겨 적는 행위가 아니라 마음을 단련하고 사고의 힘을 키우는 여정이 될 것입니다.

1. 필사 노트를 준비하자

필사의 목적이 보관하여 여러 번 돌아보기 위한 것이므로 낱장으로 쉽게 분리되는 연습용 노트보다는 책 형태로 제본된 두툼한 노트를 준비하는 것이 좋습니다.

요즘엔 필사용으로 제작된 노트들도 판매되고 있습니다. 마음에 드는 디자인과 크기의 노트를 준비합니다.

2. 필사 도서를 구매할까?

주변을 돌아보면, 필사의 매력에 푹 빠지신 분들이 의외로 많습니다. 자신이 좋아하는 책 전체를 쓰는 것에 도전하는 분들도 있고, 좋아하는 시인의 작품이나 가수의 노래들을 자신의 손글씨로 한 자 한 자 쓰면서 가슴에 담아두는 분들도 있습니다. 자신이 좋아하는 문장들을 모아 자신만의 필사 노트를 만드는 것이 가장 좋지만 어디서부터 시작할지 잘 모르겠다면 아름다운 시나 명언이 된 구절들을 모아놓은 필사 도서도 있고 영문 쓰기 연습을 할 수 있는 영어 명언집도 있습니다.

3. 드디어 이제 나에게 맞는 펜을…

그동안 손글씨 연습을 위해 두꺼운 심의 중성펜에 매여있었다면 이제는 마음껏 내게 어울리는 펜을 찾아봅니다. 작은 글씨에 어울리는 세필도 좋고 선물 받은 고급 만년필도 이제는 역할을 할 때가 되었습니다. 중간중간 붓펜으로 캘리그라피 글씨도 끼워 넣어 봅니다.

다음의 명언들을 따라 써보고 빈 공간에는 자신의 글씨체로 채워봅니다.

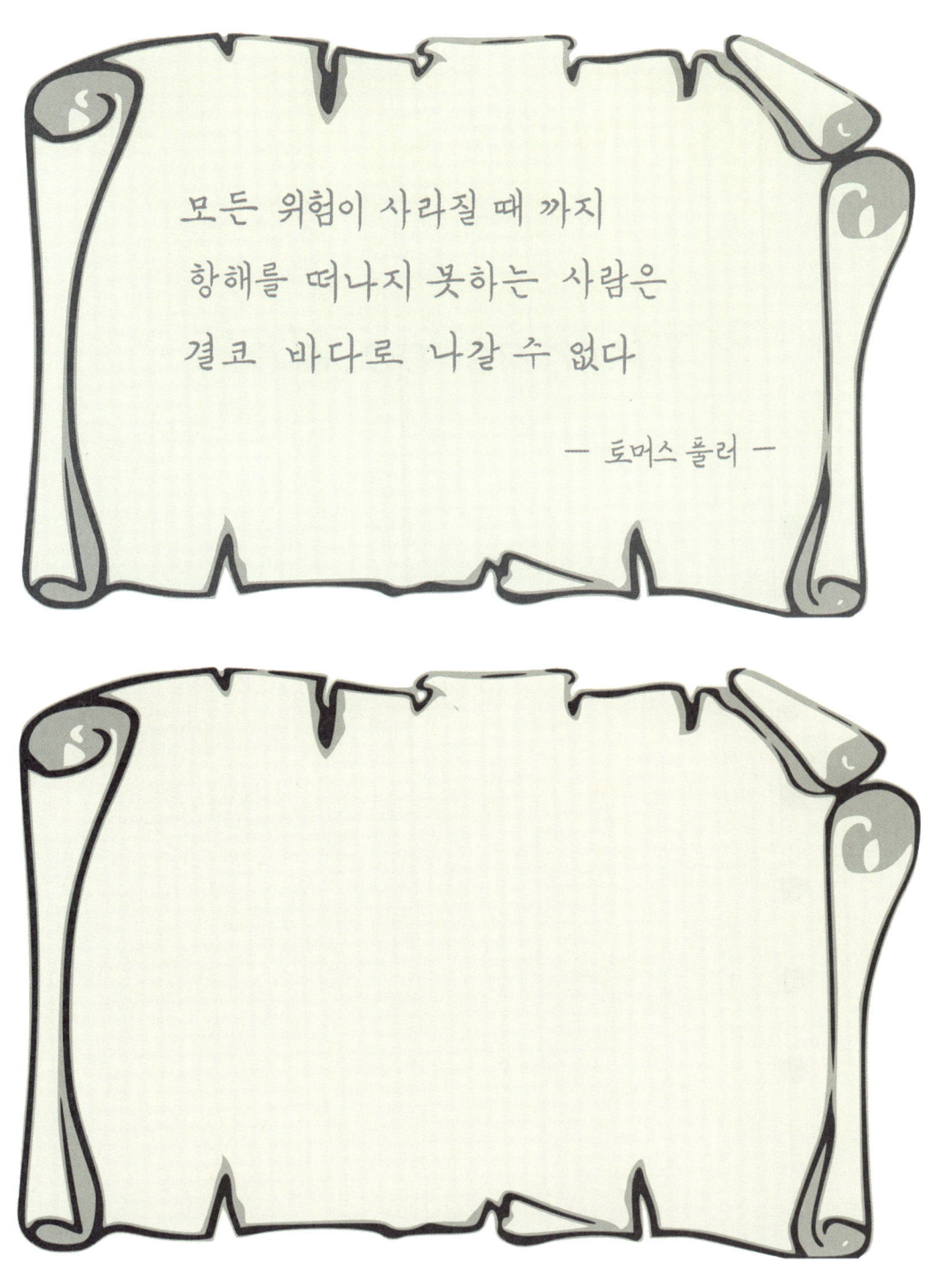

모든 위험이 사라질 때 까지
항해를 떠나지 못하는 사람은
결코 바다로 나갈 수 없다

— 토머스 풀러 —

Things to do!

- 매일 정한 시간에 운동하기
- 한달에 최소 책 한권읽기
- 매일 일본어 공부하기
- 노트북 A/S
- 강의 영상 제작하기
- 악기 배우기
- 스킨스쿠버 자격증 따기

Things to do!

-
-
-
-
-
-
-

내가 만약
사랑이 어떤 것인지를 알게 된다면
그것은
오직
그대 때문 입니다

                                        헤르만 헤세

지금은 벌써 전설이 되어버린
먼 과거로부터 내 젊음의
초상이 나를 바라보며 묻는다
지난 날 태양의 밝음으로부터
무엇이 반짝이고 무엇이
불타고 있는가를
그때 내 앞에 비추어진 길은
나에게 많은 번민의 밤과
커다란 변화를 가져왔다
나는 그 길을 이제 다시
걷고 싶지 않다

그대 넋에 내 영혼이 스치지 않으려면

내 영혼을 어떻게 지탱해야 할 것인가?

그대를 넘어서 다른 것에 이르려면

내 영혼을 어디로 드놀여야 할 것인가?

아아 내 영혼을 묻어두고 싶구나

그대 마음속 깊이 흔들려도

더는 흔들리지 않는 어느 고요한 자리에

하지만 우리, 그대와 나를 스치는 것은

모두가 우리를 한 몸으로 묶어 놓는 것

활줄 둘을 그으면 소리 하나 흘러나오듯

어느 악기를 타고 우리는 팽팽히 늘어서 있는 것인가?

어느 바이올리니스트 손에 우리는 묶여 있는 것인가?

오오 달콤한 노래여

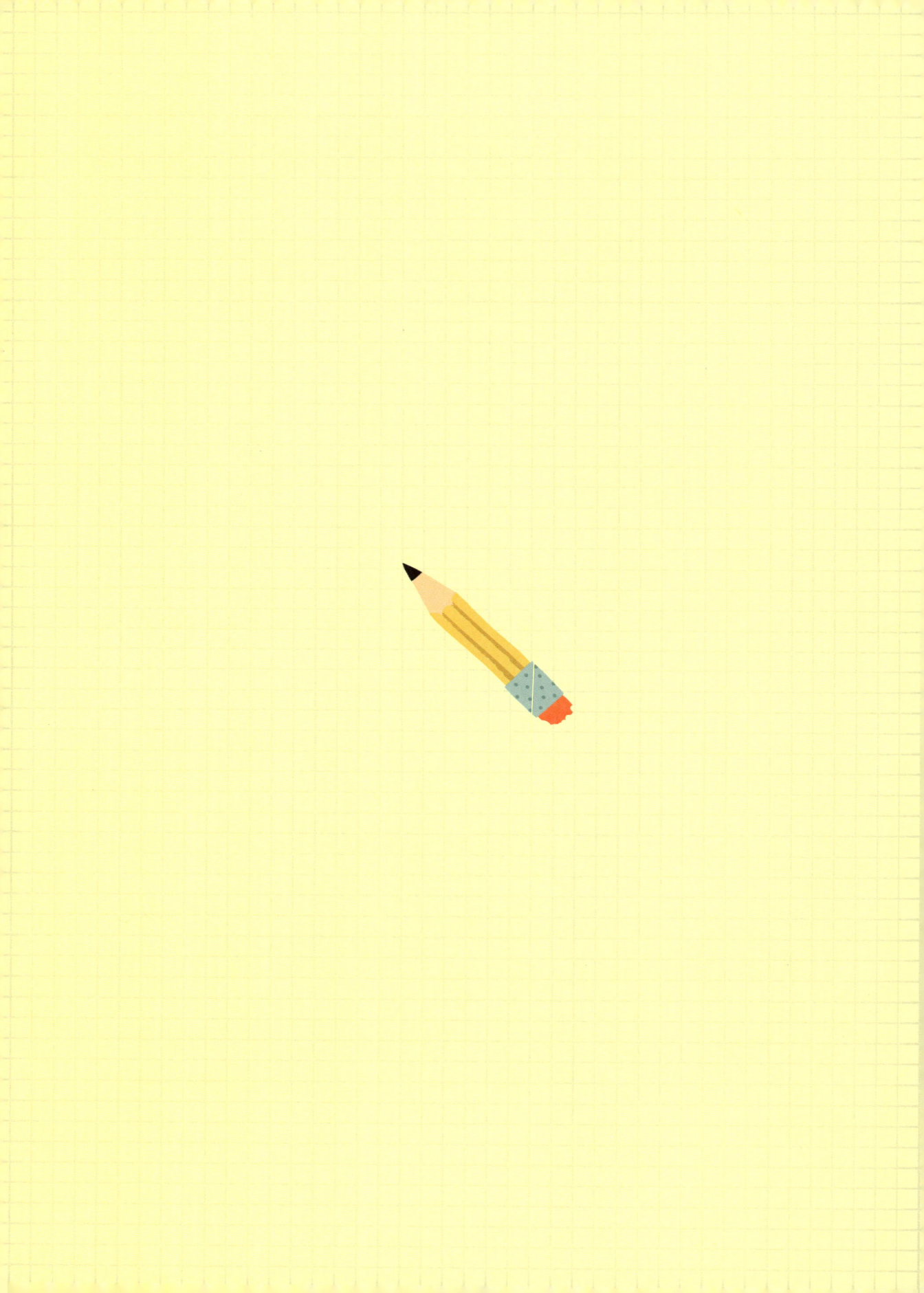